삶을 배우는 학교

학교 속 마을, 마을 속 학교

경천마을교육공동체 이야기

삶을 배우는 학교

학교 속 마을, 마을 속 학교
경천마을교육공동체 이야기

초판 1쇄 인쇄 2021년 11월 30일
초판 1쇄 발행 2021년 12월 10일

지은이 김정식
펴낸이 김승희
펴낸곳 도서출판 살림터

기획 정광일
편집 조현주, 송승호
북디자인 이순민

인쇄·제본 (주)신화프린팅
종이 (주)명동지류

주소 서울시 양천구 목동동로 293. 22층 2215-1호
전화 02) 3141-6553
팩스 02) 3141-6555
출판등록 2008년 3월 18일 제313-1990-12호
이메일 gwang80@hanmail.net
블로그 https://blog.naver.com/dkffk1020

ISBN 979-11-5930-206-0 03370

학교 속 마을, 마을 속 학교
경천마을교육공동체 이야기

삶을 배우는 학교

김정식 지음

학교와 마을이 손잡고
아이들의 꿈을 품다

살림터

○ **차 례**

학교와 마을을 잇는 사람들,
더 큰 꿈을 품게 된 아이들

마흔 살 청년 교장, 온 마을학교를 꿈꾸다

어렸을 적, 나는 때로 음악인이 되고 싶었다. 만일 그 꿈이 이루어졌다면, 배움의 과정에서 아이들이 꿈을 품고 빛나게 성장해가는 모습을 보는 기쁨을 알지 못했을 것이다. 군 복무와 대학을 마치고 경천중학교에 부임했다. 어사길과 돌정길 사이에 낮은 울타리를 두르고 아담하게 위치한 곳이다. 이곳에서 13년간 영어과 교사로, 그 후 4년간은 학교장으로 근무했다. 학교장직을 시작할 당시 나는 여전히 교탁 너머로 아이들을 대하는 게 더 익숙한 청년 교사였다. 아이들과 함께 배움 속에서 어우러지는 시간이 즐거웠던 '청년 교사'가 학교를 이끌어가야 할 중책을 맡은 마흔 살 '청년 교장'이 된 것이다.

그 무렵 내겐 '왜 아이들은 학교에서 행복하지 않을까'라는 의문이 내내 화두이자 큰 고민거리였다. 경쟁 중심의 교육과 한 줄 세우기 교육은 아이들이 바른 인성을 형성하는 데 장애가 되었으며, 그들을 무미건조한 삶으로 내몰고 있었다. 학교는 행복을 누리는 공간이어야 하고, 교육은 아이들이 '행복한 삶'과 '삶의 행복' 모두를 경험하는 공간이 돼야 한다고 생각했다. 그래서 나는 아이들의 학창시절이 행복한 기억으로 가득하도록 학교

환경과 교육 체계를 재구조화하고 그에 걸맞은 교육철학을 정립하기로 했다. 오랜 고민 끝에 그처럼 '온 마을학교'를 구상하게 된 것이다. 삶과 행복에 관한 지혜를 배우는 '학교', 이에 더해 돌봄과 배움이 넉넉히 제공되는 '마을'에서 아이들은 배우고 성장하여 마을과 이 나라를 이끌 인재로 성장하길 바랐다.

마라톤과 같은 교육목표

'배움이 즐겁고 함께 성장하는 온 마을학교'는 학교장으로 부임하면서 교육공동체와 함께 세운 교육목표다. 성적을 올리기 위해 아이들을 다그치거나, 백화점식 교육 활동 나열로 내실 없이 보여주기에 치중하는 학교 경영은 하고 싶지 않았다. 그 대신 나는 우리 학교가 마을과 하나로 묶여 아이들이 '삶을 배우는 학교'가 되기를 꿈꿨다. 당장 눈앞에 보이는 목표를 향해 전력 질주하는 단거리 선수가 되기보다, 목표에 닿을 수 있다는 믿음과 긴 호흡으로 목표를 바라보며 끈기 있게 달려가는 장거리 선수가 되기로 했다. 그러면서 다음 세 가지 목표를 정했다. 첫째, 단절된 학교와 지역의 관계성을 회복한다. 둘째, 학습 허브로서의 학교(schools as learning hubs)를 만든다. 셋째, 배움과 삶이 일치하는 '창조적 지식'을 가르치는 마을교육과정을 운영한다. 이 책은 내가 지난 4년간 교직원, 학부모, 학생, 주민과 손발을 맞추어 함께 뛰면서 일구어낸 그간의 일들을 담고 있다.

마을교육공동체, 그 생생함을 담다

경천중학교가 마을교육공동체로 성장해가는 모습을 보다 생생하게 그리기 위해 시간의 흐름에 맞춰 각각의 과정을 다섯 갈래로 나누어 책에 실었다. 〈1부 학교, 마을과 만나다〉에서는 교장 부임 후, 담장을 사이로 학교와 분리된 마을과 소통하기 위해 학교 담장을 낮추게 된 계기와 과정을 실제 사례를 중심으로 다루었다. 특히, 행복한 마을-학교공동체를 만들기 위해 교육구성원과 마을 사람들이 머리를 맞대고 '교육'에 관해 논의하며 산적했던 여러 문제를 슬기롭게 헤쳐가던 장면은 지금도 눈에 선하다.

〈2부 학교, 마을을 배우다〉는 학교 교육과정, 교과 교육과정, 자유학기 교육과정, 창의적 체험활동 교육과정을 어떻게 마을과 연계했는지에 관한 이야기다. 경천중학교는 현재 '혁신학교 아닌 혁신학교'로 불릴 만큼 혁신적인 교육과정을 운영하고 있는데, 제2부를 통해 다양한 마을교육과정 운영 사례를 만나볼 수 있을 것이다.

학교와 마을의 '이음터'이자 아이들의 '아지트'가 된 마을도서관이 세워지는 과정은 〈3부 학교, 마을을 세우다〉에서 다뤘다. 책과 배움을 매개로 어우러져 문화와 예술을 함께 향유하는 공간으로 거듭난 마을도서관 '이음터'가 생겨나고, 아이들의 아지트가 되는 과정을 구체적으로 전하고 있다. 독자들이 마을도서관 이음터에서 아이들이 '어떤' 먹을거리, 놀거리, 볼거리, 읽을거리 등을 '어떻게' 체험했는지를 살펴볼 수 있기를 기대한다.

마을교육공동체에서 있었던 구체적 이야기들은 〈4부 마을, 학교와 만나다〉에서 살펴볼 수 있다. 제1부와 제2부에서 학교의 시선으로 바라본 마을교육과정을 그려냈다면, 마을도서관 설립(제3부) 이후, 경천마을교육공동체가 깊이를 더해 매년 성장해가는 이야기로 제4부와 제5부의 내용을 채웠다. 경천중학교는 경천마을교육공동체의 모태이며, 그 중심에는 마을도서관이 있다고 해도 과언이 아니다. 마을교육공동체 태동의 초기 단계에서는 학교가 주도적 역할을 했지만, 이후 마을에서 서서히 그 역할을 이어받아 평생학습과정을 주도적으로 운영하게 되었는데, 이는 다른 지역에서 볼 수 없는 교육공동체 성장의 모습일 것이다.

〈5부 마을, 코로나 시대 학교와 만나다〉에서는 코로나 상황 속에서 마을교육공동체가 닥친 위기를 이겨내기 위해 지혜를 모으며 이를 극복해 가는 과정을 볼 수 있을 것이다. 특히, 사립 작은 도서관 등록, 비영리단체 경천마을학교 설립, 지자체 공모 늘품학교 선정, 충남도청-충남교육청 정책 시범 사업 기관 선정 등 학교와 마을이 시도한 일련의 도전 과정을 통해 코로나 위기를 기회로 바꾼 마을교육공동체의 열정을 엿볼 수 있을 것으로 기대한다.

계룡산 아래 사람들

"선생님의 열정으로 학교와 마을이 이어졌고, 아이들은 더 큰 꿈을 품게 되었습니다."

4년간의 교장 임기를 마치고 떠나게 된 어느 날, 마을 분들이 도자기 감사패에 담아준 글귀이다. 감사패 뒷면을 보니 스무 명의 이름이 소박한 글씨체로 적혀 있었다. 건네주신 도자기 감사패는 우리 마을의 소박한 모습과 깊은 빛깔을 담고 있는데, '계룡산 아래 사람들'이라 쓰어있었다. 무엇보다도 마을 분들의 곱고 애틋한 마음이 담긴 글귀에 가슴이 뭉클하고 먹먹했던 기억을 잊을 수 없다. 내가 이토록 고귀한 감사를 받을 자격이 있을까? 내가 쏟은 열정으로 학교와 마을이 이어졌고, 아이들이 꿈을 품게 되었다는 마을 분들… 그분들의 말씀에 더해, 내가 지향한 '온 마을 학교'의 철학이 공유되고 있다는 사실에 더욱 감사했다.

그리고 고마운 사람들

나는 기록하는 습관이 있다. 하루의 일상, 특별한 일, 슬프거나 힘든 일을 나만의 공간에 기록으로 남긴다. 지난 4년간 학교와 마을의 대소사를 일자별로 적어 둔 덕분에 원고를 완성할 수 있었다. 개인적 메모 성격의 글들이 대부분이어서 처음에는 출간할 엄두를 내지 못했다.

"나는 당신이 학교와 마을에 최선을 다한 4년의 가치를 잘 알아요. 기록을 넘어 책으로 남겨 꼭 필요한 분들에게 도움이 되면 좋겠어요."

내 진심과 그 가치를 알아준 아내의 권유에 용기를 내어 이 책이 세상과 만나게 됐다. 교장이 학교 근처에서 살아야 하니 공주로 이사 가자고 상의할 때부터 무탈하게 교장 임기를 마치는 순간까지 늘 옆에서 응원하고 기도해준 아내에게 고맙다는 말을 전하고 싶다.

그리고 '온 마을 학교'를 실현하고자 다각도로 노력했지만 부족함이 많았던 교장을 신뢰하고, 여러 어려움 속에서도 창의적인 아이디어로 마을 교육과정에 동참해준 경천중학교 교직원 여러분께 고마움을 전한다.

지금의 경천마을교육공동체가 있기까지 생업으로 바쁜 가운데 봉사와 헌신으로 '내 일'처럼 참여해 주신 '계룡산 아래 사람들'에게 다시 한번 고맙다는 말씀을 전하며, 궂은일 마다하지 않으시고 강직한 성품과 바른 심성으로 경천마을학교(마을도서관@경천)를 이끌어 주신 천은자 관장님께 깊히 감사드린다.

책 표지 그림을 그려준 제자 이진에게 감사하며, 예술고등학교와 미대 진학의 꿈이 이루지길 기도한다.

책 내용이 경험에만 의존하지 않고 이론에 근거한 학술적 고찰로 발전할 수 있도록 조언해 주신 박상옥 지도교수님(공주대학교 교육학과)께도 감사드리며, 출판을 결정하고 진행해 주신 도서출판 살림터 여러분께도 감사드린다.

이 책이 완성도 높은 내용으로 태어나도록 아낌없는 의견을 준 삼십 년 인생 친구 박종철 박사에게 말로 형언할 수 없는 고마움을 전한다.

2021년 11월 기룡산(騎龍山) 기슭에서

김정식

1부

학교,

마을과 만나다

경천마을과
경천중학교

어사길 위에 자리 잡은 경천마을

경천중학교는 충남 공주시(公州市) 계룡면(鷄龍面) 경천리(敬天里)에 있으며, 경천중학교 왼쪽 옆으로는 '어사길'이 길게 뻗어 있다. 도로명이 새롭게 도입되면서 '어사길'이라는 근사한 이름이 이 길에 붙여지게 된 연유는 흥미롭다. 예부터 서울에서 호남으로 가는 큰길이 있어 과거시험을 보러 가는 사람들이 경천리 역원(驛院)에 유숙하게 되면서 이곳이 어사길로 불리게 된 것이다. 소설『춘향전』에서 이몽룡이 과거 급제 후 전라도 암행어사로 파견될 때 지나는 길목이기도 했다. "…팔풍정(八風亭) 활원(弓院), 광정(廣程), 모란(毛老院), 공주(公州), 금강(錦江)을 건너 금영(錦營)에서 점심 먹고, 높은 행길 소개문, 어미널터, 경천(敬天)에 숙소하고…"라는 구절에 등장한다. 소설 속이지만 어사가 된 이몽룡이 하룻밤을 묵은 지역이다. 실제로도 많은 관리(官吏)가 이 경로를 이용했다. 그래서 경천리의 새 주소에 '어사길'이라는 이름이 사용되고 있다.

경천(敬天)이라는 지명은 조선 시대로 거슬러 올라간다. 『조선왕조실록』 「세종실록」 제149권 〈지리지(地理志)〉를 보면 경천(敬天)은 광정(廣程), 평천(平川), 단평(丹平), 유구(維鳩)와 함께 충청도 공주의 일신역(日新驛)을 중심으로 한 역도(驛道)에 포함되어 있다.[1] 경천리는 현재 행정구역으로는 충청남도 공주시 계룡면에 있다. 계룡면의 위치는 풍수지리적으로 뛰어나 조선의 수도로도 거론되었으며, 나라의 제사를 지내던 신성한 지역이기도 하다. 또한, 계룡산의 3대 사찰 중에서 신원사, 갑사 같은 유서 깊은 사찰과 전설이 담긴 유적들이 도처에 자리 잡고 있다. 1914년 일제의 행정구역 개편에 따라 경천리에 면사무소를 두었다.[2] 공주 지방 최대의 장터로 알려진 '경천장'이 서는 곳으로, 예부터 물산의 왕래와 사람의 소통이 많았다. 120여 년 전 동학군이 우금치 전투를 치르기 전 집결하였던 역사적 장소이기도 하다. 역사·문화·지리적으로 유서가 깊고 한 시대를 풍미했던 지역이다. 세월이 흘러 이제 경천 지역은 작고 아담한 시골 마을이다.

경천(敬天)이라는 말은 「영조실록」 65권에도 등장하는데, 경천이라는 두 글자가 바로 조정의 가법(家法)이라고 소개되고 있기도 하다.[3] 현대를 사는 우리에게 경천은 조정의 가법으로서의 의미보다 '경천애인(敬天愛人)'이라는 구절을 통해 익히 알려져 있다. '하늘을 공경하고 인간을 사랑하라'는 이 구절은 유교의 기본 철학을 드러냄과 동시에 우리 민족의 전통적 신관과 인간관을 드러내는 구절이라 할 수 있다. 동학의 근본 사상인 인내천(人乃天), 즉 "사람이 곧 하늘이다"라는 말과 함께 생각해 보면 결국 "인간을 하

---

1) http://sillok.history.go.kr/id/kda_400050

2) 1930년 월암리로 이전

3) http://sillok.history.go.kr/id/kua_12306007_001

늘처럼 공경하고 사랑하라"는 뜻으로 이해할 수 있는데, 이를 통해 우리 선조들이 하늘과 사람을 대하는 심성을 느낄 수 있기도 하다. 이를 통해 생각해 보면, 경천리에 위치한 경천중학교에서 마을 사람들과 함께 배우고 성장하는 마을교육공동체를 만드는 일을 시작하게 된 것이 우연만은 아닌 것처럼 여겨진다.

고유한 빛깔의 경천중학교

경천마을 중심에 위치한 경천(敬天)중학교는 1950년 경천고등공민학교로 개교해 1970년 사립학교로 교육부 인가를 받았다. 1978년 전 학년 21학급, 전교생 1500명에 가까운 시절도 있었다. 이후 산업화와 도시화가 진행됨에 따라 이촌향도(離村向都) 현상으로 마을의 인구가 줄어들기 시작했고, 내가 교사로 2004년 처음 부임할 당시 전교생은 140명 정도였다.

현재의 경천중학교는 고등공민학교를 포함하면 70년이 넘는 긴 세월 동안 경천마을을 지켜왔다. 1980년대에는 공부를 엄청나게 시키는 학교로 소문이 나기도 했다. 실제로 당시 '공주시 1번지 학교'로 불리던 공주중학교보다 학력고사 성적이 높아 교육청에서 감사를 나와 재시험까지 요구받은 적도 있다. 사립학교에 대한 편견 때문이었을까. 감사관 입회하에 치른 재시험 결과를 확인하고 나서야 학력 우수 학교로 인정받았다며 동창들이 입을 모아 증언한다. 지금은 시골의 작은 중학교이지만 '공부 잘하는' 찬란했던 역사와 전통이 있는 학교인 것이다.

그런 열정과 헌신의 학교 문화가 계승된 덕분인지, 내가 부임할 당시에도 선생님들의 남다른 사명감을 느낄 수 있었다. 전 교사가 담임 같았고, 전교생이 담임 반 학생 같았다. 교사들은 학생 한 명 한 명의 가족관계, 성격, 교우 관계, 성적 등을 꿰고 있었다. 소위 집에 숟가락이 몇 개인지도 아는 수준이라고 할까. 모든 학생이 관심과 사랑을 받았고, 누구 한 명 소외되는 학생이 없었다. 그뿐 아니라 시골 학생의 학력을 높여 경쟁력을 키우겠다는 교장 선생님의 의지로 2009년까지 시내 학교에서도 하지 않는 야간 수업을 운영했다. 당시 나는 영어교사로 천안에서 출퇴근하면서 교편을 잡고 있었는데, 주중에 매일 밤 9시까지 수업을 한 기억이 있다.

지금도 그렇지만 당시 내가 가르친 아이들은 하나같이 때 묻지 않은 순수함이 빛났다. 최소한 내가 근무하는 동안 그 흔한 '치고 박는' 학교폭력으로 학교가 시끄러운 적이 단 한 번도 없었기 때문이다. 또한, 우리 학교 학생들은 '스승의 그림자도 밟지 않는' 착하고 순진한 아이들이었다. 학부모는 대부분 농업에 종사하며, 자녀에 대한 학교 의존도가 높았다. 학기 초 가정방문을 하는 것이 학교 전통이었고, 부모님을 만나기 위해 집이 아닌 하우스, 논, 밭으로 찾아다니던 기억이 지금도 생생하다. 자식을 맡겨 놓고 일터로 오게 만들었다며 수줍은 손길로 정성스레 담아 건네는 딸기 바구니와 상추 봉지를 거절하고 돌아오는 것이 당시 나의 가장 힘든 일이었다.

열정적인 교직원, 순진한 학생, 헌신적인 학부모와 행복하게 보낸 시간이 벌써 20년이 되어 간다. 그 사이 가랑비에 옷 젖듯 매년 학생 수는 조금씩 줄었고, 급격한 사회변화와 학령인구 감소로 농촌의 학교들은 직격탄을 맞았다. 전국적으로 초고령화와 인구절벽 현상이 심화하는 가운데, 경천중학교는 '소멸위험도시'[4]를 대비해야 하는 공주시 외곽지역의 작은 학교가 되어 버린 것이다. 이런 어려운 시기에 '학교의 존폐가 마을의 존폐'

---

4) 한국고용정보원(2018)

를 좌우한다는 교육자의 시대적 사명감과 절박함을 가지고 나는 2017년 9월 1일 학교장으로 부임했다.[5] 내 나이 40세, 교편을 잡은 지 14년 되던 해였다.

경천중학교에서의 꿈

경천중학교의 모든 교직원은 학생 중심 교육과정에 따라 교육하고자 노력을 기울인다. 그럼에도 대한민국 교육 시스템에서 단위학교가 독자적인 행보를 하기란 쉽지 않다. 그렇다고 입시라는 최종 목표에 시선을 고정한 학부모와 학생만 탓할 수는 없다. 누가, 무엇이 그들을 그렇게 만들었을까? 학력과 학벌 중심 사회문화도 한몫 거들고 있다. 따라서 여전히 학교에 근대 교육의 흔적이 남아 있음을 부인할 수 없다. 지금의 교육 테두리에서는 경쟁과 한 줄 세우기식 교육이 아이들을 불행하게 만든다.

요즘 사회 전반에 걸친 화두는 '행복'이다. 이러한 맥락에서 학교는 행복한 공간이어야 하고, 교육은 아이들이 행복한 삶을 경험할 수 있는 장을 제공해야 한다고 생각한다. 그러기 위해 학교 울타리 안에서 행해지는 교육이라는 경계를 허물고, 학교와 마을이 유기적으로 하나가 되는 교육과정 속에서 행복을 경험하고 '삶을 배우는 학교'를 실현해야 한다. 이러한 학교-마을 간의 일원화되고 유기적인 교육 패러다임을 구현하기 위해 나는 교장으로서 다음과 같은 세 가지 실천 과제를 구상했다. 첫째, 단절된 학교와 지역의 관계성을 회복한다. 둘째, '학습 허브로서의 학교'를 만든다. 셋

---

[5] 초·중등교육법 제19조(교직원의 구분) "학생 수가 100명 이하인 학교나 학급 수가 5학급 이하인 학교 중 대통령령으로 정하는 규모 이하의 학교에는 교감을 두지 아니할 수 있다."에 근거해 경천중학교는 전 학년 3학급의 교감(校監) 미배치 학교이다. 이 경우 사립학교 법인은 이사회를 거쳐 교사를 교장으로 임명할 수 있다.

째, 배움과 삶이 일치하는 '창조적 지식'을 가르치는 마을교육과정을 운영한다.

이러한 구상을 토대로 지난 4년간 교장으로 재임하면서 어떻게 '학교 속 마을, 마을 속 학교' 경천마을교육공동체를 이루고자 노력하였는지, 그 과정들에 관한 이야기를 시작해보려 한다.

배움이 즐겁고
함께 성장하는 '온 마을 학교'

마을교육공동체의 태동

충남교육청은 학교와 마을의 연계·협력으로 공동체성을 회복하고 건강한 교육생태계를 형성하려는 교육적 시도를 활발하게 추진하고 있다. '배움과 삶이 분리된 반쪽 교육'의 위기를 극복하기 위해 마을과 함께하는 학교를 만드는 데 앞장 서고 있는 것이다. 학교를 넘어 마을과 함께하고자 하는 충남교육청의 이러한 교육 철학은 김지철 충남교육감의 2017년 신년사에 고스란히 녹아 있다.

세상에서 가장 좋은 학교는 마을과 학교의 경계가 없는 학교입니다. 가장 앞서가는 교육은 지역사회와 함께하는 교육입니다. 마을학교는 주민이 선생님이 되어 아이들을 함께 키우고, 마을은 배움터, 지역의 삶은 곧 교육과정이며, 아이들은 성장 동력이 되어 마을과 함께 발전합니다. '학교 속 마을, 마을 속 학교'를 위하여 마을학교와 마을교사제 운영 지원, 학교협동조합 설립 및 활성화 추진, 마을축제 지원 등 학교와 지역사회의 협력으로 상생의 충남형 마을교육공동체를 만들어 가겠습니다.

다사다난한 태동기를 거쳐 2021년 2월 충남교육청은 4년간의 배움과 성장을 토대로 '학교 속 마을, 마을 속 학교' 충남마을교육공동체 제2기 기본계획을 발표했다. 마을과 학교가 함께 손잡고 미래사회에 대응하는 교육을 실현하기 위해서는 '마을'과 '학교'의 관계 재구축이 중요하다고 밝혔다. 마을, 학교, 지자체, 교육청의 유기적인 결합과 협력으로 충남마을교육공동체 지원체제를 마련하겠다는 의지가 엿보인다. 그런 의미에서 보면, 2018년부터 학교와 마을이 손잡고 아이들이 꿈을 품어 온 경천마을교육공동체는 충남형 마을교육공동체의 창조적인 모델이라고 자부한다. 충남마을교육공동체의 태동과 함께 시작한 경천마을교육공동체가 제2기 정책과 더불어 한 단계 도약하고 성숙하는 기회가 되기를 바란다.

전국적으로는 2014년 경기도교육감으로 당선된 이재정 교육감이 마을교육공동체를 활성화하여 공교육 혁신을 추진하겠다고 선언한 이후 대한민국 교육계에서 마을교육공동체가 화두로 급부상하였다. 이후 전국 17개 시·도교육청은 다양한 이름으로 '마을' 연계 교육정책을 추진하기 시작했고, 지금은 충남형 마을교육공동체가 그 중심에 있다.

마을학교를 구상하다

내가 막 교장 임기를 시작한 2017학년도에 충남교육청은 '행복교육지구' 학교혁신 사업이 한창이었다. 경천중학교가 속한 충남교육청 산하 공주교육지원청은 당시 '행복교육예비지구'로 지정되었고, 선도학교를 선발하려고 했다. 행복교육지구 개념에 대한 생소함과 부담 때문이었는지, 관내 초·중학교 중 선뜻 나서는 학교가 없었다. 때마침 '마을과 함께하는 학교'를 준비하던 나는 교직원들과 뜻을 모아 선도학교에 공모했고, 노력 끝에 선정되는 기쁨을 누렸다. 이를 계기로 2017년 9월부터 6개월 동안 공주행복교육예비지구 선도학교를 운영할 수 있었고, 짧은 경험이지만 이를 바탕으로 이듬해 공주행복교육지구 선도학교, 공주형 마을교육과정 모델학교, 공주 미래형 교육자치 협력지구 중심학교로 선정돼 교육혁신의 동력을 얻게 되었다.

　'삶을 위한 학교'에 대해 구상하면서 마을과 함께하는 교육이 절실함을 느끼게 되었다. 학교와 마을의 경계를 허물어 서로의 자원을 공유하면 학교 교육의 한계를 보완하는 동시에 마을에도 기여할 수 있으리라 확신하게 되었다. 하지만 확신과 열정만으로 전국적으로도 사례가 미비한 학교-마을 간 유기적 교육공동체를 섣불리 시작할 수는 없었다. 그보다 마을교육에 대한 명확한 철학을 세우는 것이 무엇보다 중요하고 시급하다는 판단을 하게 되었다. 그래서 마을교육과정, 마을교육공동체, 혁신학교 관련 도서를 찾아 읽기 시작했으며, 그와 관련된 연수나 특강이 있는 곳은 어디든지 찾아다녔다. 이러한 과정에서 만난 책들과 연수, 특강 그리고 진지한 토론은 마을교육에 대한 철학과 구체적 밑그림을 정립하는 데 큰 힘이 됐다. 마을교육공동체 태동을 위한 예비지구 운영 과정에서 나는 학교와 마을의 '새로운 관계 맺음'이 마을교육공동체의 전제이며 핵심이라는 사실을 깨달았다.

삶을 배우는 학교

　내가 지향하는 '삶을 배우는 학교'는 어떤 모습일까. 한마디로 정의하기는 어렵지만, 분명한 건 교육 목적에서 그 차이를 생각해 볼 수 있다. 지금의 교육은 여전히 시험을 위해 지식을 주입하고, 그 지식을 진학을 위한 도구로 사용하는 게 전부라 할 수 있다. 이러한 교육 체계로는 학생들로 하여금 불확실성으로 가득 찬 미래사회를 헤쳐나갈 역량을 갖추게 할 수 없다. 학생 자신의 삶과 학교에서 배운 지식이 만나도록 기회를 만들어줘야 한다. 현재 학교의 교육은 학교 담장에 싸여 마을에서 '고립된 섬' 속에서 진행되고 있다고 해도 과언이 아니다. 이러한 측면에서 내가 구상했던 '삶을 배우는 학교'란 학교 담장 안에서 진행되는 교육과정만으로서의 교육이 아닌, 담장을 넘어 마을로 확장해 가는 '삶'(마을)과 '교육'(학교)의 만남으로 확장되는 것을 의미한다. 다시 강조하지만, 교육의 경계는 학교를 넘어 마을로 확장되어야 하며, 종국에는 학교와 마을이 유기적으로 하나가 됨으로써 마을 전체가 학생과 주민의 배움의 터전이 되어야 하는 것이다. 즉, 학생이 살고 있는 마을이 곧 하나의 교육과정으로서의 배움의 대상이며, 배움의 터전이 되어야 한다. 학교에서 이루어지는 모든 형태의 배움이 학생의 삶과 일치할 때 삶의 역량을 기를 수 있기 때문이다.

　마을교육공동체에 대한 나의 이러한 철학과 관련해 20세기를 대표하는 철학자 화이트헤드(A. N. Whitehead)[6]는 의미 있는 말을 남겼다. 그는 '삶을 배우는 학교'의 철학을 두고 '교육이 삶과 하나로 통합'되는 것이 교육의 목적이라고 한다. 또한, 실용주의 철학을 기반으로 교육철학을 정립한

---

(6) 영국의 철학자, 수학자(1861~1947)

존 듀이(John Dewey)[7]는 '교육은 삶을 위한 준비가 아니라, 삶 그 자체'라며 교육의 목적이 삶에 있음을 강조하기도 했다. 삶과 교육의 유기적 긴밀성에 대한 강조는 다른 여러 학자의 사상에서도 찾아볼 수 있다. 예를 들어, 그룬트비(Grundtvig)[8]는 교육의 목적으로 '삶의 계몽'을 강조했다. 학교에서의 교육은 삶을 배우는 과정이어야 한다는 것이다. 앤디 하그리브스(Andy Hargreaves)와 데니스 셜리(Dennis Shirley)는 『학교교육 제4의 길』을 통해 21세기 학교 교육 성공의 필요조건으로 세 가지를 제시했다. 그의 강조점은 국가의 비전과 방향 제시, 교사의 전문성 확대, 그리고 '마을의 참여'에 있다. 국내 학자들의 연구에서도 '삶을 배우는 학교'의 철학과 맥을 같이 하는 주장을 찾을 수 있다. 양병찬(2007, 2008), 김용련(2015), 서용선(2016), 양희준·박상옥(2016), 강영택(2017)은 공통적으로 '마을이 아이들을 함께 키우고, 아이들의 배움터가 되고, 그 주인이 되도록 키우는 것'을 강조했다. 국내 학자들 역시 학생의 교육적 성장은 학교 울타리 안에서 교사들만의 힘으로는 한계가 있음을 지적하며, 학교 울타리 밖 환경이 교육적으로 상호작용할 때 학교 교육의 개혁이 일어날 수 있다는 점을 강조한다.

　계몽주의 이후, 인류가 걸어온 지성사에서 발견되는 교육의 미래에 대한 학자들의 제언에서 깨닫는 것은, 이제 학교는 마을과 유기적인 관계 속에서 미래지향적인 교육 변화의 노선인 '제4의 길'을 가야 한다는 것이다. 즉, '삶을 배우는 학교'의 길이 우리가 걸어가야 할 21세기 교육의 대안이라나는 확신한다.

---

7) 미국의 교육학자(1859~1952)

8) 덴마크 교육학자(1783~1872)

마을
속으로

정착의 어려움

나는 충청남도 천안에서 태어나 초·중·고등학교를 졸업하고 대학교는 대전으로 통학을 했다. 강원도 양구에서 ROTC 장교로 군 복무한 28개월을 제외하면 천안을 떠난 적이 없다. 천안에서 가정을 이루고, 아이를 키우고, 어려서부터 다닌 교회, 오랜 세월 알고 지낸 친구와 이웃… 돌아보면, 나의 대부분의 기억은 천안이라는 도시를 중심으로 형성되었고, 나의 생활은 천안에 최적화되어 있다고 해도 과언이 아닐 것이다. 여기에 더해 특히 양가 부모님이 모두 천안에 살고 계셔서, 부모님을 두고 교직 때문에 고향을 떠나기로 결정하기가 쉽지 않았다. '본토 친척 아비 집을 떠난' 아브람의 심정을 이해한다고 할까.

2017년 9월, 나는 경천중학교 교장으로 부임하면서 학교와 가까운 곳에서 살 집을 찾고자 했다. 동네 이장님께 집을 구해주십사 부탁드리기도 하고, 학교 근처 공인중개사무소를 찾아 집을 알아보기도 했다. 하지만 네

식구가 함께 살 만한 적당한 집을 찾기란 쉽지 않았다. 학교 근처에 폐가 수준의 빈집이 한두 군데 있기는 했지만, 수리한다 해도 살기에는 어려운 집들이었다. 이런 이유로 우리 가족은 학교에서 6km 정도 떨어진 면 소재지(월암리) 문화마을로 눈을 돌렸다. 20년 된 단독주택을 공주 시내 신축 아파트보다 더 비싸게 부르는 통에 놀라고 당혹스럽기도 했다. 비싸도 그 집을 사서 수리하고 살까? 동네에 땅을 사서 집을 짓고 살까? 고민이 깊어지는 가운데, 결국 여러 복잡한 이유와 주위의 만류로 마을에서 사는 걸 포기해야 했다. 그렇게 집을 구하는 동안 1년이라는 시간이 훌쩍 지나는데, 2018년 여름을 앞둔 어느 날, 충분히 노력했고 시간이 흐르고 있으니 공주 시내로 이사하는 건 어떠냐며 아내가 조심스럽게 입을 뗐다.

"아이들이 경천초등학교[9]에 다니고 있잖아요. 학교 옆에 사는 건 아니지만 아이들 태우고 다니면서 학교와 마을을 살피는 것도 괜찮을 것 같아요. 1년이나 집을 찾아다닌 수고를 마을 분들도 이해하실 거예요."

학교 근처에 집을 구하는 과정에서 지친 가족을 차마 두고 볼 수도 없어서, 뜻한 대로 마을 속으로 온전히 들어가지 못하고, 시내에 아파트를 구해 정착하게 되었다. 당시를 생각해 보면, 여전히 학교 근처가 아닌 시내에 정착한 것이 못내 아쉽지만, 학교에서 떨어진 시내에 집을 구하게 됨으로써 학교와 마을에 더욱 정성과 관심을 쏟는 계기가 된 것 같기도 하다.

상피제

이사를 앞두고 '상피제(相避制)'라는 낯선 소식과 함께 숙명여고 시험지

---

[9] 저자가 근무하던 경천중학교와 같은 지역에 위치한 초등학교

유출 사건(2018. 7.)으로 세상이 시끄러웠다. 두 아들이 경천초등학교를 졸업하면 경천중학교에 진학시키려던 계획에 차질이 생겼다. 나는 내가 추진하고 있던 경천중학교의 삶을 배우는 교육과정, 마을 연계 방과후학교, 세계시민교육으로 우리 학교가 '살아있는 지식'을 배우는 최적의 학교라는 자부심이 있었으며, 이런 이유로 다른 중학교에 두 아이를 보내고 싶지 않았다. 불과 몇 년 전만 해도 본교 모(某) 선생님이 아들을 데리고 다녔고, 그 아이가 3년간 중학교 생활을 훌륭히 마치고 졸업하는 걸 봤기 때문에 더욱 당황스러웠다.

『한국민족문화대백과사전』에 따르면, 상피제란 고려·조선 시대에 일정한 범위 내 친족간에 동일한 관사나 통속 관계의 관아에 근무하지 못하게 하거나 연고지의 벼슬을 피하게 하던 제도를 말한다. 2018년에 도입된 교사 상피제란, 부모와 자식이 같은 학교에 다니지 못하게 하는 제도를 말한다. 충남도교육청에서는 2019년부터 상피제를 권고사항에서 의무사항으로 적용하고 있다. 내가 교장으로 부임하던 2017년 당시, 사립학교에는 교사 상피제에 대한 의무사항으로서의 법적 규제 근거가 없었다. 내가 두 아이를 우리 학교에 다니게 하려면 할 수도 있었지만, 교장으로서 여러 문제점이 예상되었다. 예컨대, 시험지 원안 최종 결재는 교장의 책무이다. 하지만 경천중학교는 초·중등교육법에서 명시한 5학급 미만의 소규모 학교로 교감이 배치되지 않은 학교이다. 이런 경우 교장인 나를 관련 업무에서 배제하고 대결자(代決者)를 교감으로 지정하는 학업성적관리규정 제정도 불가능하다. 이 밖에도 꼬리에 꼬리를 무는 문제들이 떠올랐다. 특히 숙명여고 시험지 유출 사건은 국민에게 '사립학교 = 부정·부패'라는 부정적인 인식을 심어주었기에 더 조심스러웠다.

"지금은 유능한 교장이라고 모두 인정하지만, 학부모와 이해관계가 생기게 되면 교장 선생님도 난처하실 거예요. 무엇보다 아이가 받을 상처는 상상할 수 없을 만큼 클 거예요. 작은 학교에서 아이 한 명이 소중하지만, 아이를 위해 다른 중학교에 보내는 게 좋을 것 같아요."

당시 이사장님께서 이렇게 말씀하시며 현실을 고려한 현명한 방향을 제시해주셨다. 두 아이를 다른 학교로 보내기로 한 후, 그해 큰아이는 공주 시내의 한 중학교로 배정받았다. 자연스럽게 작은아이도 경천초등학교를 졸업하고 시내 중학교에 배정받았다.

당시 나의 결정에 아이들은 동의했지만, 아빠와 같은 학교에 다니길 바란 게 나만의 희망사항은 아니었을 것이다. 2년 반 동안 두 아이를 태우고 다니면서 부자(父子)간의 돈독한 정이 생긴 걸 보니 더더욱 그렇다. 이것이 중학교로 이어졌다면 더 좋았을 텐데. 이 또한 아쉬움이 남는 일이다.

두 아들의 전학

개학 전에 예정대로 두 아들을 경천초등학교에 전학 처리했다. 6학년과 4학년 남자아이들이었다. 아빠를 따라 작은 학교에서 즐겁게 생활하겠다고 말해준 아이들에게 지금도 고마운 마음이 남아 있다. 아침저녁으로 아빠 차를 타고 다니면 함께 보내는 시간이 많아져서 아이들은 오히려 좋다는 말을 해주기도 했다. 천안에 살 때 아이들은 전교생이 1000명이 넘는 초등학교에 다녔다. 2학기 개학과 함께 등교한 경천초등학교는 6학년 7명, 4학년 3명이었다. 작아도 너무 작지 않냐며 주위의 걱정도 있었다. 하지만 작은 학교에서 오래 근무한 나는 작은 학교만의 매력을 잘 알고 있다. 각박한 세상 가운데 마을에서 여유와 행복을 찾고, 친구들과 작지만 큰 사회를 경험하면서 바른 인성을 기를 것으로 기대했다.

경천초등학교 교장 선생님은 귀한 아이 둘을 보내주셔서 작은 학교 교육활동에 큰 동력이 된다고 환영의 말씀을 하셨다. 그리고 두 아이들이 모두 행복하게 학교생활을 마칠 때까지 학교를 지켜주시다가 작은아이에게 졸업장을 수여하시던 해, 부임 2년 6개월 만에 시내 학교로 전근 가셨다. 지금 두 아이들은 공주 시내의 같은 중학교에 배정돼 형제애를 키우며 학교에 다닌다. 짧은 시간이지만 작은 학교에 다니면서 '마을의 가치'를 깨닫게 해주신 교장 선생님 덕분에 자존감이 높은 행복한 아이들이다.

지역 섬김의 마지막 선택, 경천교회

여름방학을 이용해 공주로 이사했다. 새로 출석할 교회를 찾고 있었는데, 내가 공주로 이사했다는 소문을 듣고 경천교회 장로님 두 분이 찾아오셨다. 그분들은 내 오랜 제자의 학부형이기도 했다. 말씀을 나누던 중에, 한 분께서 '시내에서 다녀야 하는 어려움이 있지만 경천교회로 출석하면 어떻겠냐'고 제안하셨다. 경천(敬天)교회는 창립 116년(2021년 기준)의 역사와 전통이 있는 농촌 교회다. 마침 내가 다니던 교회와 교단(감리교)도 같고, 마을에서 반겨주시는 분위기도 감사하고, 어쩌면 마을에 사시는 분들과 더 자주 만날 수 있다는 기대를 품고 교회에 등록했다. 곰곰이 생각해 보니, 등록하면서 거의 일주일 내내 경천마을에 들어와야 하는 당위성이 생긴 것이었다.

경천교회는 1950년 경천고등공민학교를 설립해 지역 아이들의 교육을 책임졌다. 당시 고등공민학교를 졸업해도 중학교 학력이 인정되지 않았다. 별도의 학력 인정 시험을 통과해야 중학교 학력을 인정받을 받을 수 있었다. 개교 후 20년이 지난 1970년에 학교법인 양지학원을 설립한 초대 이사장이자 설립자 고(故) 양인직 님께서 고등공민학교를 인수해 경천중학교로

경천교회와 담장을 사이에 두고 있는 경천중학교.
1950년 경천교회에서 경천고등공민학교를 세울 때의 모습이 남아 있다.

개교했다. 교육부 인가를 받은 중학교로 정당한 학력 인정을 받게 됐다.

경천교회에서 학교를 설립해 운영했던 연유로, 지금 경천교회와 경천중학교는 담 하나 사이에 이웃하고 있다. 역사를 함께한 덕분인지 경천교회에 출석하는 교인 중 경천고등공민학교와 경천중학교를 졸업한 마을 사람들이 꽤 많다. 이유야 어쨌든 경천교회와 경천중학교는 역사를 공유하는 소중한 공간인 셈이다. 나는 지역사회를 섬기는 학교 경영을 다짐하면서 다음과 같은 몇 가지 일들을 실천으로 옮겼다. 우선 천안을 떠나 공주로 가족들과 함께 이사를 감행한 것이고, 둘째로는 두 아들을 경천 소재 경천초등학교로 전학시킨 일이다. 그리고 마지막으로 경천교회를 선택한 일이다. 이렇게 지역과 학교에 남다른 애정이 있는 교인들과 지속적으로 만나면서 '마을과 함께'를 다시 한 번 다짐하게 되었으며, 내가 꿈꾸어 온 마을학교를 만들어 가게 되었다.

공주행복교육지구를
선도하는 학교

경천중학교, 선도학교로 지정되다

충남교육청은 2015년부터 학교혁신 정책을 추진하고 있다. 대표적인 사업으로 충남의 14개 시군교육지원청을 대상으로 '행복교육지구'[10]를 운영한다. 공주교육지원청은 2017년 '행복교육예비지구'로 지정되었고, 2018년 본지구로 승격됐다.

'마을과 함께'하는 학교를 자처한 경천중학교는 2017년 '공주행복교육예비지구' 선도학교로 지정된 후 현재까지 '공주행복교육지구'를 대표하는 학교의 역할을 하고 있다. 행복교육지구란 학교-가정-마을이 유기적으로 상호작용하면서 마을교육공동체를 형성하고, 아이들에게 사회가 요구하는 삶의 역량을 길러주기 위한 정책의 이름이다. 경천중학교는 '배움과 삶'

---

10) 행복교육지구란 '가정, 학교, 사회 등 다양한 교육 주체 간에 형성되는 역동적이고 상호의존적인 관계를 통해 사회에서 요구되는 핵심역량을 함양할 수 있는 학습네트워크'로 마을교육공동체(정신)를 실현하는 일종의 정책이다.(출처: 2017 충남교육청 행복교육지구 홍보 리플릿)

이 일치하는 마을교육과정을 운영한다. 이를 통해 마을과 함께 아이들의 꿈을 품는 마을교육공동체를 형성해 가고 있다.

행복교육지구가 하드웨어(hardware) 기능을 한다면, 마을교육공동체는 그에 대한 철학이며 소프트웨어(software)라 할 수 있다. 다시 말해, 마을교육공동체의 실현이라는 가치와 철학을 행복교육지구라는 실천적 정책과 사업을 통해 구현해 내는 것이 핵심인 것이다. 마을교육공동체 실현의 가치를 토대로 생각해 보면, 마을교육공동체를 '사업'이라 명명하는 것이 썩 내키는 것은 아니다. 그럼에도 마을교육공동체가 교육청의 정책 실행을 위한 예산 지원을 받아 시행되었기 때문에 그 취지상 '사업'이라 일컬어야 하겠지만, 그 철학과 정신을 실현하는 도구적 성격으로 이해하면 좋겠다.

모든 사업이 그렇겠지만, '교육사업' 역시 성과와 보람에 따른 교사의 희생을 수반한다. 교사는 학생을 가르치는 교육 전문가다. 교육 활동과 동떨어진 '사업'을 벌이면 교육의 고유한 본질적 가치가 가려지기 쉽다. 그래서 특히 교육과 관련된 '사업'은 교직원의 민주적인 합의가 선행되어야 하는 것이다. 나는 4년간 선도학교를 운영하면서 다음 말을 항상 유의하며 모든 정책과 사업을 구상하고 시행했다.

행복교육지구를 도구 삼아 마을교육의 철학을 실현하자. 마을은 철학이다. 교육이 사업이 되어서는 안 된다. 그리고 사업이 교직원을 힘들게 해서는 안 된다.

'낯선 손님' 같았던 마을교육공동체 만들기

2017학년도 2학기에 행복교육예비지구를 시작하면서 마을교육공동체는

'낯선 손님'처럼 찾아왔다. 교장인 나도 어디서부터 시작해야 할지 몰랐으니 말이다. 우리가 할 수 있는 일부터 시작하자는 다짐으로 6개월 예비지구 운영을 마치면서 학년말 평가회를 열었다. 마을교육공동체를 활성화하려면 담당 부서와 담당자를 지정할 필요가 있다는 의견이 평가회에서 나왔다. 다행히 선뜻 업무를 맡아 해보겠다는 선생님이 계셔서 일이 순조롭게 진행될 것 같은 예감이 들었다.

2017년 9월~2021년 8월까지 내 교장 임기 4년 동안 경천중학교는 공주행복교육지구를 선도하는 학교로서 역할을 해냈다고 자부한다. 나아가 충남형 마을교육공동체의 실천적 모델을 창조했다. 이제 우리 학교에서 학교와 마을이 어떻게 연계·협력하여 이 사업을 추진했는지 구체적으로 소개하고자 한다. 우리 학교 구성원이 처음 접한 정책과 사업의 낯섦을 극복하고 마을교육공동체를 만들어 가는 과정을 따라 전 과정을 바라봐 주었으면 한다.

마을교육공동체 만들기 과정

• 첫해 2017년, 마을교육공동체의 필요성에 공감하다

2017년 공주행복교육예비지구 선도학교로 선정되고 완주교육지원청[11]과 홍동마을을 탐방했다. 마을교육과정 편성 연수를 열어 마을교육공동체 만들기에 나섰다. 12월에는 「우리가 만들어가는 행복한 마을교육공동체」를 주제로 '2017 공주 마을교육공동체 워크숍'을 주관했다. 계룡면 소재 학교(초 2교, 중 1교), 공주시청, 공주교육지원청 및 유관기관이 참여한 가운

---

11) 『로컬에듀』(추창훈, 2017)의 배경 지역.

데 마을교육공동체의 필요성을 공감하는 계기가 됐다.

•2018년, 업무 부담에 직면하다

2018년에는 공주교육지원청이 행복교육지구로 전환되면서 기본 계획을 발표하고 다양한 정책을 추진했다. 정책 방향은 '공교육 혁신 사업'과 '마을교육 활성화' 그리고 '마을교육 생태계 조성'으로 정리할 수 있다. 경천중학교는 '공교육 혁신' 과제 중에서 특화된 학교, 마을교육과정, 교사-학부모 동아리 사업을 운영했다. 또한 '마을교육 활성화' 과제 중 마을과 학교가 함께하는 마을축제 운영학교로 선정되었다. 담당 부서의 업무가 부담스러울 만큼 많아졌다. 나는 교감이 없는 작은 학교에서 지시하고 보고 받는 교장이 되고 싶지 않았다. 그래서 1인 2역을 감당하기로 마음먹었다. 첫 번째 역할은 합리적인 결정과 최종적인 책임을 지는 관리자였다. 교육 방향과 목표를 명확하게 제시하는 나침반과도 같은 역할이다. 두 번째는 담당 부서가 부담스러워할 만큼 최일선에서 업무를 연결·조정·중재하는 관리자였다. 교직원의 자율성은 보장하되, 부담과 책임에서 최대한 자유롭도록 지원하고 싶었다.

2018년 9월에는 '공주형 마을교육과정 모델학교'로 추가 지정되었다. '초-중-마을'을 연계하는 협력적 공동교육과정 운영이 핵심이었다. 이어서 '학교주도형 늘품학교'로 신규 지정되었다. 마을도서관[12]의 책과 문화를 매개로 사람과 사람이 만나는 새로운 공유 공간을 창조했다. 늘품학교는 아

---

12) 학교 밖 학교인 '마을도서관@경천'을 개관하여 돌봄, 평생학습, 만남의 장으로 발전하는 과정을 이 책 3부에서 자세히 소개했다.

13) 중학교에서 한 학기 또는 두 학기 동안 지식·경쟁 중심에서 벗어나 학생 참여형 수업을 하고 학생의 소질과 적성을 키울 수 있는 다양한 체험활동을 중심으로 교육과정을 운영하는 제도.

이들의 돌봄과 주민의 평생교육, 주민이 교육 문제를 고민하고 해결해 가는 자치문화를 주도하게 되었다.

•2019년, 구체적 프로그램이 진행되다

2019년부터 2021년에도 공주행복교육지구 선도학교, 공주형 마을교육과정 모델학교, 학교주도형 늘품학교로 연속 지정되었다. 세부적인 과제는 연도별로 특성을 반영하여 운영했다. 2019년도에는 마을과 교과교육과정의 연계(이하 '마을수업')를 중점적으로 시도했다. 새 학기가 시작되기 전 2월, 교육과정 만들기 주간을 활용했다. 교과별로 단원 속 '마을 주제'를 추출하여 교육과정을 재구성했다. 최근 교육이 학교에서 지역사회로 확장되는 패러다임(paradigm)과 자유학기제[3] 도입 취지가 같은 맥락임을 고려했다. 주로 1학년을 대상으로 교사들이 최소 한 학기에 한 번 프로젝트형 마을수

공주형 마을교육과정 모델학교인 경천초와 경천중학교의 공동 워크숍 장면
공주교육지원청 윤○준 교육과장이 모두발언(冒頭發言)을 하고 있다.

업을 진행했다. 교과 융합수업을 구상하거나 2, 3학년을 대상으로 마을수업을 확대하는 교사도 있었다. 교사들의 노력으로 마을과 연계한 교과교육과정은 해를 거듭할수록 충실히 운영되었다. 이렇게 시도한 수업은 배움이 삶 속에서 실천되는 '살아있는 지식을 전달하는 보람'으로 이어졌다. 평가회에서 내년 마을수업은 학생 의견을 직접 반영하는 실천(예; 기관에 보내는 학생 제안서)으로까지 이어져야 한다는 건설적인 대안이 논의되었다. 2020년 마을수업을 야심차게 재구성하고 융합수업을 위한 활발한 협의가 진행되었다.

• 아, 코로나!

마을교육과정의 심화 단계 진입을 앞둔 시점에 코로나19가 변수로 작용할 줄이야! 여러 차례 입학과 등교가 연기되고, 전면 등교 이후에는 감염예방을 위해 모둠학습이나 협동학습 형태의 수업방식과 수행평가를 지양하라는 교육부 지침이 내려왔다. 다행히 작은 학교는 밀집도에 따른 등교제한에서 예외가 되었다. 거리두기 최고 단계로 격상되지 않거나 학교 내확진자가 발생하지 않으면 정상 등교 수업을 할 수 있었다.[14] 하지만 수업시간 단축과 수업일수 감축으로 교과 진도와 평가 방법의 수정이 불가피했다. 정규수업도 벅찬 상황에서 마을수업 운영은 위축될 수밖에 없었다. 선생님들의 노력으로 기본적인 마을수업은 진행하였다. 당초 계획한 심화 수준의 마을수업을 하지 못한 것은 큰 아쉬움으로 남는다. 코로나19로 인한제한된 교육 여건 속에서도 '삶을 배우는 학교'를 실현하겠다며 마을교육철학을 지켜주신 선생님들께 고맙다.

---

14) 2020년 코로나19 대응 교육과정 운영 지침 기준(충청남도교육청)

학생이 행복한
학교 만들기

쉼(,)이 있는 행복놀이 학교

'신나게 놀아야 학교생활이 행복하다.'

이 슬로건은 충남교육청의 '쉼(,)이 있는 행복놀이 학교' 운영 철학이다. 경천중학교는 신나는 학교생활을 만들기 위해 2018년부터 행복놀이학교를 운영하기로 했다. 우선 학생들의 행복한 학교생활을 만들어 주고자 '쉼(,)이 있는 행복놀이 학교' 운영 방침을 세웠다.

첫째, 학교는 학생들에게 기본적인 놀이 시간과 놀이 공간을 확보·제공한다.
둘째, 학생들은 놀 권리를 보장받고 건강한 놀이문화를 즐긴다.
셋째, 이를 통해 형성된 공동체 문화 속에서 학생들은 사회성과 건강을 증진하며
삶의 만족도를 높인다.

먼저 놀이 시간이다. 작은 학교는 점심시간을 활용할 수 있는 장점이

있다. 학생 수가 적어서 배식과 식사 시간을 20분 이내로 마칠 수 있다. 점심시간을 60분을 주어 식사 후 40분의 시간을 확보해 줬다. 또 정규수업을 마치면 방과후학교가 시작하기 전까지 20분을 확보했다. 아울러 매주 금요일은 아침독서 대신 행복놀이 시간으로 운영해 30분을 쉬고 놀 수 있게 했다.

놀이 공간은 '놀거리'와 연계된다. 학생자치회에게 놀거리와 그에 필요한 놀이 공간을 정하도록 했다. 밴드 연습, 외발자전거, 인라인, 보드게임, 장기, 바둑, 독서, 댄스, 산책, 풋살, 농구 등 다양한 의견이 나왔다. 학생자치회의 제안을 두고 학생회 지도교사, 담임교사와 회의를 했다. 회의에서는 다음과 같은 말이 오갔다.

"어떤 놀이라도 3명 이상 모이면 허용하겠습니다."

나는 학생 입장에서 최대한 허용하겠다는 의지를 보였다.

"교장 선생님 말씀도 옳지만, 점심시간과 매주 금요일 아침에 학생들이 중구난방으로 흩어질 경우 혹시 모를 안전사고에 대해서도 의논이 필요할 것 같아요." 학생부장님의 의견이다.

"아이들이 자율에 따라 행복놀이를 하는 것에는 찬성하지만, 하루 이틀도 아니고 일과 중에 정기적인 시간마다 누가, 어디서, 무엇을 하는지… 생활지도에 어려움이 예상됩니다." 한 담임교사의 말씀도 이어졌다.

"그럼 이번 기회에 아이들에게 자율과 책임을 가르치는 건 어떨까요? 자신이 하고 싶은 놀이를 선택하게 하고, 자신이 있는 장소를 투명하게 공개해 지키도록 하는 방안입니다."

나는 행복놀이의 취지에 맞게 학생의 자율성을 보장하는 방향으로 결론 짓기를 바랐다. 내 의견에 대해 학생부장님이 좋은 생각이 있다며 말했다.

1. 행복놀이 현황판에 자신의 이름을 붙이는 아이들 2. 보드게임을 즐기는 아이들
3. 외발자전거를 타는 아이들 4. 전통놀이를 즐기는 아이들

"자석 부착형 행복놀이 현황판과 개별 학생 이름표를 만들어 중앙 현관에 비치하면 어떨까요? 학생은 자기가 참여하는 놀이와 장소에 자신의 이름표를 붙이는 겁니다. 현황판만 보면 누가 어디서 무엇을 하고 있는지 한눈에 알 수 있겠죠."

회의에 참석한 선생님들께서 모두 좋은 생각이라며 찬성했다.

슬기로운 지도방안을 생각하고 아이들의 자율성을 보장하도록 동의해준 선생님들께 고맙다. 만약 학생자치회에서 제안한 것을 교사 회의에서 이런저런 이유로 거절하면 학교의 주인인 학생들이 그다음부터 무슨 제안을 할 수 있을까. 학교는 교육과정과 학교생활 전반을 관통하여 학생이 민주시민으로 성장할 수 있도록 도와야 한다. 학교는 '사회의 축소판'이며, 학생들이 사회로 나가기 전, 민주시민으로서의 성숙함을 연습할 수 있는 최적의 장소여야 한다. 그런 의미에서 학생자치회의 의견을 적극 수용한 것은 '자율과 책임'의 가치를 아는 민주시민으로 한 뼘 더 성숙하는 기회가 되었을 것이다.

최근 봄과 가을이 짧아지고 황사, 미세먼지 같은 불청객이 자주 찾아온다. 학생들만큼이나 선생님들 역시 야외 활동하기에 좋은 계절에 아이들을 실내에서 보내게 해야 하는 안타까움이 크다. 그래서 정해진 행복놀이 시간이 아니더라도 날 좋은 아침이면 아침 독서 대신 천연잔디를 밟고 놀게 한다. 아침부터 아이들 힘을 빼 수업시간에 졸면 어떡하나 걱정도 했다. 하지만 아이들은 오히려 상쾌한 하루를 시작한다며 좋아했다. 학교 오는 게 즐겁다는 말이 최고의 칭찬이다. 즐거운 학교생활이 학습 동기를 만들어 준다. 그렇게 켜켜이 쌓인 행복 속에서 오늘도 아이들은 성장한다.

공간이 행복을 만든다

2019년은 '쉼(·)이 있는 행복놀이 학교'를 운영한 지 2년째 되는 해였는데, 학교의 획일적인 공간배치에서 오는 한계가 느껴지기 시작했다. 부족한 휴식 공간에 대한 학생과 학부모의 개선 요구가 이어졌다. 나는 행복놀이를 지속하기 위한 행복공간이 추가로 필요함을 느꼈다.

때마침 본동 뒤편의 낡은 창고를 철거하면서 수년간 방치된 공간이 눈에 들어왔다. 교실 두 칸 정도의 야외 공간이다. 이곳에서 바라본 근거리에는 논과 밭이 옹기종기 모여 있으며, 농촌 학교에서만 볼 수 있는 원거리 풍경에는 '감바위산'의 우직한 산경(山景)이 들어와 있었다. 봄이면 만물이 생동함을 느끼게 해주고, 여름이면 대지와 맞닿은 청량감 넘치는 파란 하늘을 볼 수 있으며, 가을이면 황금 들녘이 마음을 풍성하게 해주고, 겨울이면 새하얀 눈 속 겨울왕국이 부럽지 않은, 사계절의 풍경을 담은 아름다운 공간이었다. 마치 우리 학교만을 위한 야외정원이 태곳적부터 우리 학생들을 위해 준비되어 있었던 것만 같았다.

가까이 있어 무심했던 공간의 가치를 그제야 깨달았다. 학생, 교직원 할 것 없이 하루에도 몇 번이고 지나다니면서도 눈길 한 번 주지 않던 이곳, 마을교육공동체를 구상을 하지 않았더라면 묻힐 공간이 되었을 거라 생각하니 아찔하기까지 했다. 이곳을 꾸며 행복공간으로 만들고 싶은 욕심이 생겼다. 하지만 바닥 철거와 평탄화 작업만 해도 예산이 만만치 않게 들 것이다. 예산확보의 현실적인 어려움에 당면했다. 작은 학교의 1년 본예산은 그리 넉넉한 편이 아니다. 특정 시설이나 사업에 예산을 집중 편성하면 다른 교육활동에 지장이 생기기 마련이다. 방법을 찾던 차에 충남교육청이 2018년부터 행복공간 조성 사업을 추진하고 있다는 사실을 알게 되었다. 교육구성원의 간절한 염원을 담아 계획서를 제출했다. 2019년, 충남교육청으로부터 사업 대상교로 선정돼 예산을 지원받게 되었다는 소식을 접하게 되었다. 이로써 아이들이 원하는 행복공간 하나를 더 만들게 되었다.

행복공간 사업을 통해 나는 '교육공동체가 함께 구상하는 놀이·휴식 공간에서 행복한 학교 문화를 만든다'라는 방향을 제시했다. 그리고 행복공간 조성을 추진하면서 다음 세 가지 사항을 중점적으로 고려했다. 첫째, 학생, 학부모, 교직원 등 교육공동체의 의견의 충실한 반영, 둘째, 많은 학생이 활용할 수 있는 효율적이고 만족스러운 공간, 셋째, 지속적으로 활용 가능한 공간.

학생자치회를 열어 전교생의 의견을 듣고, 가정통신문을 보내 학부모 의견도 들었다. 학부모회는 행복공간 조성에 대해 별도로 논의하는 시간을 가졌다. 업무 담당 부서는 전 교직원을 대상으로 본 사업의 취지와 목적을 안내하고 의견을 들었다. 그런 과정을 거쳐 교육공동체가 공통적으로 요구하는 '로망(roman)'을 담은 행복공간의 모습이 구체적으로 그려졌다. 그 내용은 다음과 같다.

- 야외 학습이 가능한 공간일 것
- 소공연장의 형태와 기능(음향장비)을 갖출 것
- 언제든 편하게 친구와 만나고 대화 나눌 수 있는 휴식 공간일 것
- 누구든 원하는 음악을 틀고 놀 수 있도록 실외용 블루투스 스피커를 설치할 것
- 야간에도 사용할 수 있도록 실외 가로등을 설치할 것
- 노천카페 분위기의 테이블과 의자, 야외용 벤치와 파라솔을 설치할 것

수년간 방치된, 군데군데 파이고 울퉁불퉁한 바닥이 어떤 모습으로 다시 태어날지 상상만으로도 가슴이 벅찼다. 그런데 모든 '로망'을 담고자 욕심을 부린 탓일까? 예산이 많이 초과했다. 여름철 강한 햇빛과 직사광선을 차단하고 비 오는 날에도 활용할 수 있는 대형 비가림막 설치를 앞둔 마지막 공정이었다. 이미 학교 예산의 적정량 이상을 사용했고, 추가 예산을 투입하려면 다른 사업을 줄여야 한다며 행정실에서는 난색을 표했다. 고민 끝에 도교육청 교육혁신과장님을 학교로 모셨다. 우선 학교에서 도교육청의 정책 방향에 발맞추어 마을교육공동체를 활성화하고 있다는 말로 협의를 시작했다. 함께 마을도서관과 학교를 둘러보며 마을교육공동체 활성화를 위한 학교-마을 간 연계가 강화되고 있다고 설명해 드렸다. 행복공간 현장에 이르렀다.

"행복공간이 완성되면 주민이 함께하는 작은 음악회를 열어 주민들도 편하게 사용할 수 있는 공간이라는 걸 알려드려야겠어요."

"훌륭한 생각입니다. 위치와 접근성이 좋으니 기대되네요."

창고 철거 후 방치된 공간(1)에 탄생한 행복공간(2). 이곳에서 야외수업도 하고(3),
아이들은 점심시간의 여유를 만끽하기도 한다(4).

기회는 이때다 싶어 진행된 상황을 설명하고 예산의 어려움을 해결할
수 있도록 지원을 요청했다. 학교에서 지정된 비율 이상의 대응투자를 하
고 있는 점도 강조했다. 행복놀이 거점학교를 운영하고 있다는 사실을 부
각했다. 과장님은 마을교육공동체를 만들어 가느라 수고가 많다며, 학교
와 마을의 징검다리 역할을 해달라는 부탁을 하셨다. 이어 교육감 특별사
업비 지원이 가능한지 검토하겠다는 긍정적인 답변을 주고 가셨다. 며칠
후 특별사업비를 신청하라는 반가운 연락을 받아 이후 공정을 차질없이
진행할 수 있었다.

완성된 행복공간은 학생, 교직원이 가장 좋아하는 곳이 되었다. 요즘
말로 우리 학교의 핫 플레이스(hot place)가 된 것이다. 점심시간마다 먼저 온

아이가 야외용 블루투스 스피커를 통해 최신 음악을 튼다. 음악 듣고, 춤도 추고, 음료수도 마시고, 대화도 나누며 즐거운 시간을 보낸다. 선생님들은 야외 수업을 진행하기도 하고, 학교를 찾은 학부모와 회의나 상담도 사방이 탁 트인 이곳에서 하기도 한다. 하지만 아쉽게도 코로나19 때문에 아직 주민과 함께하는 시간을 마련하지 못했다. 상황이 좋아지면 주민들을 초대해 작은 음악회를 열어 우리 학교의 핫 플레이스를 마을 분들과 공유해보고 싶다.

사용자 친화적인
학교 만들기

마을의 가슴을 설레게 하는 초록 물결

교육청이나 지자체의 농촌 학교에 대한 시설 투자는 시내 학교에 비해 까다로운 편이다. 우선 가장 힘든 점은, 같은 예산을 투자하지만 농촌 학교에는 사용자가 적다는 사실을 이유로 내세운다는 것이다. 농촌 학교의 경우 학생 수가 줄고 있기 때문에 중장기 학생 수급 현황을 꼭 살펴본다. 사용자의 범위를 넓히고 활용 빈도를 높이기 위해 지역사회와 연계한 활용 방안을 요구하기도 한다.

70년 학교 역사와 함께한 교사(校舍)와 마사토 운동장. 교사(校舍)는 학생의 생활 밀착형 공간이므로 필요에 따라 내·외부를 리모델링해 왔다. 하지만 큰 예산이 들어가는 마사토 운동장은 손댈 기회가 없었다. 그러던 중 전임 교장 선생님의 노력으로 2016년 하반기에 숙원사업이었던 학교 운동장 현대화 사업 대상학교에 선정됐다. 공주시와 문화체육관광부가 상호 대응투자하는 방식으로 사업비를 지원받게 됐다.

내가 교장으로 부임한 2017년 9월은 인조잔디 운동장 설계기 마무리되는 시점이었다. 학교 운동장 개선은 학교의 오랜 소망이기에 교장 취임 후에도 큰 관심을 기울였다. 그러던 어느 날, 취임한 지 한 달도 채 지나지 않았는데 공주교육지원청 교육과장님으로부터 전화가 걸려왔다.

"도교육청에서는 친환경 자재인 마사토나 천연잔디를 마감재로 사용해야 한다는 연락이 왔습니다. 경천중학교는 현재 인조잔디와 우레탄으로 설계 중인 걸로 아는데, 도교육청과 협의가 필요할 것 같습니다."

솔직히 교감도 해보지 않은 1개월 차 40세 청년 교장이 감당하기에는 벅찬 일이었다. 자초지종을 살펴보니 지자체의 대응투자 사업비를 교부받은 상황인지라 학교가 도교육청과 사전 협의를 생략한 것이다. 그도 그럴 것이, 도교육청에서 사업비를 전혀 보조하지 않기 때문에 그렇게 판단한 것이다. 설계는 마무리되어 입찰 공고를 올리기 직전이었다. 나는 무척 난감하고 당혹스러웠다. 문제를 해결하고자 도교육청 담당 장학관에게 전화를 걸어, 현재 상황과 타당성을 다음과 같이 최대한 정리해서 설명했다.

- 도교육청의 대응투자가 전혀 없는 지자체 선정 사업
- 공주시 교육체육과와 긴밀한 협의 하에 설계 승인
- 교육공동체 및 지역주민 의견 수렴 결과 반영(인조잔디, 우레탄 트랙 90% 이상 찬성)
- 사업비 지원 조건 중 지역주민에게 운동장 개방 의무 사항(지역주민 선호도 반영)
- 장기간 유지보수 계약 및 중장기 보수 계획 수립
- 운동부가 있는 학교 예외 지침 적용 → 학교스포츠클럽 배구부 창단, 풋살부 특화 운영

통화 후, '운동장 현대화 사업(인조잔디 운동장) 타당성 검토 요청 자료'를

만들어 공문으로 발송했다. 얼마 후 회신 공문이 도착했다. 몇 번이고 읽어봐도 '하지 말라'는 명시적인 문구는 찾을 수 없었다. 단, 인조잔디와 우레탄 소재로 운동장을 조성할 경우 추후 보수에 필요한 지원이 없다는 내용과 매년 유해성 검사를 하고 결과를 통보하라는 문구가 눈에 들어왔다.

결국, 하지 말라는 얘기구나! 긴급히 운동장 현대화 사업 추진위원회를 소집했다. 면장님과 이장님도 참석하도록 했다. 원점에서 다시 시작해야 한다는 각오로 회의를 시작했다. 도교육청 소속 학교가 관리·지도기관 의지에 반하는 결정을 해서 좋을 게 없다는 의견이 나왔다. 그리고 모든 내용을 공개하고 협의하면서 공사가 지연되더라도 다시 설계하기로 결론이 났다. 지금 입찰 준비가 됐으니 바로 공사에 들어가면 한겨울 전에 마칠 수 있다는 기대도 접어야 했다.

지역주민들께 친환경 마감재로 설계를 변경해야 하는 당위성을 설명했다.

"인조잔디도 좋지만, 환경을 생각한다면 학교니까 천연잔디가 더 좋겠네요."

"계절과 함께 옷을 갈아입는 자연의 변화를 아이들에게 보여주는 것도 좋은 교육이라고 생각해요."

설명회에 참석하신 어르신들의 말씀이 내게는 큰 힘이 되었다.

"조금만 뛰어도 먼지 날리고, 비 오면 질퍽거려 등하교할 때 걷기가 힘들어요. 그게 뭐든 바뀐다는 게 좋아요. 그런데 어른들 말씀 들어보니 기왕이면 자연과 어울리는 학교가 더 좋을 것 같다는 생각이 들어요."

진입로 포장도 변변찮았다. 비가 오면 학교로 출근하는 교직원들의 승용차와 걸어서 등교하는 아이들이 질퍽거리는 진입로에서 뒤섞여 있던 장면이 떠올랐다. 학생들에게 미안한 마음이 들었고, 이제는 쾌적한 환경을 만들어 주겠다는 다짐을 하게 되었다.

결국, 여러 의견을 종합해 천연잔디 운동장과 마사토 트랙으로 설계를 수정하기로 했다. 설계 변경에 따른 추가 비용이 발생하고 1년 넘는 시간이 소요됐다. 공주시청, 공주교육지원청과 설계 협의, 검토, 승인의 전 과정을 투명하게 추진했다.

재설계를 시작한 지 1년이 지난 2018년 10월, '온 마을 발표회'[15]를 개최했다. 당시 태풍 콩레이가 많은 비를 뿌린 바람에 걷기도 힘들 정도로 질퍽한 운동장에 500여 명의 사람들이 오고 가는 장면을 마지막으로 공사가 시작됐다.

2019년 2월, 천연잔디 운동장을 준공하고 학생 맞을 준비를 마쳤다. 봄 지나 여름이 되자 초록 물결 출렁이는 운동장이 가슴을 설레게 했다. 등교하는 아이들의 발걸음이 한결 가벼워 보였다. 잘 정리된 진입로 덕분에 교직원의 승용차와 걸어가는 아이들이 뒤섞일 일이 없었다. 점심시간마다 푸른 잔디를 둘러싼 마사토 트랙을 걷는 아이들과 선생님들의 모습을 볼 때면, 운동장의 변화가 사제간의 정을 더욱 돈독하게 해주었다는 생각

소규모 체육대회 때, 잔디에서 뛰어노는 아이들

이 들었다. 이뿐만 아니다. 이전 환경에서는 학교를 찾는 주민이 많지 않았다. 낡은 운동기구와 흙먼지 가득한 운동장이 그들에게 매력적이지 않았던 모양이다. 지금은 저녁마다 잔디에서 뛰노는 아이들, 그리고 운동장을 걷는 마을 주민들도 눈에 띄게 늘었다. 학교는 언제나 마을에 활짝 열려 있어야 한다. 마을과 함께하는 학교는 마을의 가슴을 뛰게 하고 설레게 만드는 학교인 것이다.

마을을 품은 학교

경천중학교는 1950년 경천고등공민학교 개교와 역사를 같이 한다. 1970년 교육부 인가를 받아 경천중학교로 개교하면서 현재 교사(校舍) 본동과 별관을 증축했다. 대부분의 학교가 그렇듯 70년이 넘는 세월을 네모반듯한 건물에서 학생을 가르쳐 왔다. 새로 건축하지 않는 한 외형을 바꾸기는 쉽지 않다. 하지만 외형의 디자인과 색상은 얼마든지 달리할 수 있다. 중요한 건 교장이나 행정실 또는 업체가 일방적으로 정하면 안 된다는 점이다. 민주적 방식을 통해 학교 사용자 모두가 의사결정 권한과 책임이 있음을 깨닫는 과정이 필요하다.

2019년 교육청으로부터 학교 외벽 보수 사업비를 지원받았다. 2000년 초 드라이비트(EIFS, Exterior Insulation Finishing System)[16] 외벽 시공 이후 20년 만의 외벽 보수였다. 그동안 5~8년 주기로 외벽 칠을 해왔지만, 그마저도 색상에 큰 변화는 없고 색이 바랜 곳에 같은 색으로 다시 칠하는 수준이었

---

15) 기존 학교 중심 축제 형식에서 벗어나 마을과 함께하는 축제의 새 이름(「2부-학교, 마을을 배우다」 참조)

16) 미국 드라이비트(Dryvit) 사에서 개발한 외단열 공법으로, 정식 명칭은 '외단열 미장 마감 공법(EIFS)'이다.

다. 칠을 하면 몇 년 동안은 화사한 느낌이 든다. 하지만 근본적으로 디자인과 색상에는 변화가 없어 금세 지루해지기 마련이다.

'20년 만의 외벽 보수'를 거꾸로 생각해 봤다. 이번에 만족스러운 리모델링을 하지 못하면 다음 기회는 20년 뒤에 온다. 정신이 번쩍 들었다. 외벽을 보수하면 학생, 학부모, 주민에게 어떤 긍정적인 영향이 있을까? 앞에서 말했듯이 수십 년간 같은 색으로 칠해진 학교 건물이 학생, 교직원, 학부모, 지역주민에게 별다른 감동을 줄 리 없었다. 그래서 어떻게든 학교 구성원 전체가 만족스러운 변화를 느끼게 하고 싶었다.

향후 20년을 좌우한다는 각오로 학교 사용자들의 의견을 듣기로 했다. 세련된 디자인, 눈을 뗄 수 없는 신선함, 야간에도 불이 들어오는 학교이름과 시계, 학교가 커 보이는 마감재, 중앙 현관 자동 출입문, 비 맞지 않는 운반 급식 통로(처마), 동편 계단에서 과학실까지 비 가림막 설치, 본관과 별관 사이 소방차가 진입할 수 있는 높이의 비 가림막 설치, 뒷산과 하늘이 보이는 풍경과 조화를 이루는 디자인과 색상, 천연잔디 운동장과 조화를 이루는 디자인과 색상 등 다양한 의견이 쏟아져 나왔다. 나는 예산 범위 내에서 선택해야 하는 우선순위를 정하기 위해 모아진 의견을 하나씩 곱씹어 보았다. 디자인의 핵심을 실용성, 안전, 세련미, 조화미로 요약할 수 있었다. 이것을 토대로 나는 '경천중학교에 다니는 자긍심', '우리 마을에 있는 학교라는 자긍심', 결국 '자긍심'을 높이는 외벽 공사를 해야 한다는 결론에 도달했다.

건축사에게 모든 아이디어를 설계에 반영하도록 당부했고, 여러 차례 검토와 협의 과정을 거쳐 설계를 확정했다. 외벽 마감은 징크(zinc), 알루미늄 패널(aluminium panel), 조적(組積, 벽돌), 페인트로 구성됐다. 최종 설계 도면에 마감재의 색상이 표시돼 있지 않았다. 건축사가 자신은 설계 전문가이

1, 2 학교 구성원을 대상으로 한 외관 리모델링 선호도 조사
3, 4 마을을 품은 학교로 탄생(리모델링 전과 후의 학교 전경)

니 마감 색상은 교장이 선택하라고 했다. 교장이 무슨 권한으로 20년을 담보할 수 있는가! 그럼 누가 결정해야 하는가? 미술 선생님도, 행정실도, 교장도 아니다. 학교 사용자가 결정해야 한다. 이를 위해 공주대학교 미술교육과 겸임교수로 재직하고 있는 공공디자인 연구소장님을 학교에 오시도록 했다. 학교의 지향점과 추구하는 가치, 자연환경과의 조화, 학교 사용자의 종합 의견을 말씀드렸다. 모든 걸 종합적으로 고려해 외벽 마감재 색상을 정해달라고 했다. 소장님은 연구소 직원과 심사숙고해 결정했다며 세 가지 안(案)을 제시했다. 나는 대형 실사로 출력해 전교생과 전 교직원의 선호도 조사를 할 수 있도록 준비해 달라고 했다. 급식실에 거치대를 설치하고 세 가지 실사 출력판을 일주일 동안 전시했다. 충분히 살펴보고 관찰할 수 있는 시간을 주고 스티커를 붙이도록 했다. 학교 사용자의 의견과 나의

의도가 충분히 전달된 덕분인지, 스티커가 붙은 세 가지 안이 큰 차이가 나지 않았다. 참고로 나는 가장 마지막으로 스티커를 붙였다. 모두 마음에 들었기 때문이기도 했지만, 교장이 스티커를 먼저 붙이면 자칫 무언(無言)의 방향 제시가 될까 걱정되어서였다.

학교 구성원이 가장 많이 투표한 안으로 결정했다. 구성원의 자긍심을 담은 학교, 마을과 자연과 조화로운 학교로 다시 개교한 기분이 들었다.

마을을 누비는 '행복 통학버스'

처음 근무를 시작한 2000년 초까지만 해도 경천중학교에서 통학버스를 운행했다. 2007년 폐교 소문이 나고 학생이 줄면서 통학버스를 운행할 여력이 없어졌다. 그 후로 지금까지 넓은 학구에 사는 아이들은 시내버스를 타고 등하교한다. 시내버스가 1~2시간에 한 대 다녀 이만저만 불편한 게 아니다. 첫차를 타면 7시 30분에 학교에 도착하지만, 다음 차를 타면 9시가 넘어 지각이다. 수업이 4시경에 끝나면 조금 전에 지나간 버스를 타지 못해 2시간을 더 기다려야 한다. 학교와 이웃한 중장리와 하대리에 사는 아이들은 상황이 더 심각하다. 학교와 직선거리는 5km에 불과하지만 한 번에 오는 버스가 없어 갈아타야 한다. 갈아타기 위해 버스를 기다리는 데 거의 1시간이 걸린다. 그래서 그 동네에는 한 번에 시내까지 가는 버스를 타고 시내 중학교로 다니는 아이들도 있다. 명백한 학구 위반이지만 학생과 부모의 선택을 두고 뭐라고 할 명분이 없다. 재학생의 부모는 대부분 농업에 종사하거나 일용직인 경우도 있다. 요일별로 때맞춰 자녀를 태우러 올 형편이 안 된다는 이야기다. 산골짜기에 사는 조손(祖孫)가정 학생은 자력으로 등교하기도 어렵다. 그래서 학교에서 별도의 차량을 보내 등하교를 시키고 있다. 이를 두고 왜 자기네는 차를 보내주지 않냐고 불만을 제기하는 부모도 있다. 그럴 때는 참 속상하다.

행복한 학교, 학생 중심의 교육활동을 위한 숙원사업이 몇 가지 있었다. 운동장 현대화 사업, 교사(校舍) 리모델링, 다목적 강당, 그리고 통학차량 마련이 그것이다. 다행히 앞의 두 가지는 최근에 이루어졌다. 남은 건 통학차량과 다목적 강당이다. 통학차량은 농촌 학교가 적정규모의 학생 수를 유지하는 데 큰 도움이 된다. 안전하고 쾌적한 통학 환경을 제공하면 지역 학생이 시내로 유출되는 걸 막을 수 있다.

초등학교는 모두 통학버스를 운행하지만, 중학교가 통학버스를 운행하는 사례는 찾기 어려웠다. 그런데 최근 공주시 우성면에 있는 우성중학교가 혁신학교로 지정되면서 통학버스를 운행하기 시작했다는 소식을 들었다. 우성면이 시내와 가까워서 그런지 통학버스가 시내 노선을 운행하자 많은 학생이 입학 또는 전학을 희망한다고 했다. 부러웠다.

농촌 중학교는 학생 수가 적다는 이유로 통상 통학차량을 지원하지 않는다. 그러나 나는 포기하지 않고 지원받을 수 있는 방법을 계속 찾아보았다. 교육청에서 방문하거나 관계자와 만날 때마다 통학차량의 필요성을 들어 설명했다. 허공의 메아리였을까, 수없는 건의와 주장에도 아무런 진척이 없었다.

그러던 중, 마침내 기회가 왔다. '2019 마을교육공동체 이해와 공감을 위한 정책설명회'를 우리 학교에서 열고 싶다고 도교육청에서 연락이 왔다. 우리 학교가 마을교육공동체를 활성화하고 있는 모델이기 때문이란다. 그래서 충남도의회 교육위원 8명을 전부 모시고 와 학교에서 정책설명회를 하겠다는 거다. 마을교육공동체를 위해 함께 힘쓰고 있는 학교 관계자와 마을 관계자를 불러 모았다. 학교의 남은 숙원사업을 '한방'에 해결할 수도 있겠다는 희망을 걸었다. 최선을 다해 설명회를 준비하고 발표 자료를 만들었다. 설명회에 임석(臨席)하는 '우리 편'과 미리 학교와 마을교육공동체 현황을 충분히 논의하고 협의했다. '우리 편'이 같은 목적을 위해 한마음 한뜻이라는 걸 보여주고 싶었다. 정책설명회가 한참 진행되는 가운데 학부모회장, 운영위원장, 이장, 노인회장 누구 할 것 없이 이렇게 열심히 노력하는 학교를 도와달라고 건의했다. 학생 통학의 어려움에 대해 구체적인 사례를 언급하는 학부모회장님. 마을에 강당이 없어서 경천지역 주민과 학생이 소외된다는 이장님과 노인회장님의 일침이 있었다. 정책설명회에 참석한 도교육청 고위 관계자와 도의회에서 내부적인 검토를 하겠다고 약속했다. 확약을 받지는 못했지만 충분한 공감대는 조성했다는 생각이 들었다. 이와 관련된 자세한 내용은 「2부-학교, 마을을 배우다」에서 다시 이야기하겠다.

'두드리면 열린다'는 말이 맞았던 걸까? 지금까지 건의한 내용이 도의원이 참석한 정책설명회에서 화두가 되었다. 도교육청에서는 '읍면지역 통학차량 지원 사업'을 시범적으로 운영해 확대하겠다는 내용을 발표했다. 시군별로 1개 중학교를 지정해 시범 운영 학교로 운영한다면서도, 사립학교는 제외라고 했다. 공주에서는 우리 학교가 아닌 다른 면 지역 중학교가 선정되기까지 했다. 나는 즉시 교육청에 이의를 제기했다. 조금 심하게 말하면 '재주는 곰이 넘고 돈은 왕서방이 받는' 격이 아니냐며 대안을 마련해 달라고 요구했다. 얼마 후 지자체와 통학차량 지원 방안을 협의하고 있으니 기다려 달라는 연락이 왔다. 마침내 2020년 9월부터 통학차량을 운영할 수 있게 되었다. 공주시 교육경비 지원이 확정됐다. 행복한 학교를 향해 한 걸음 더 다가서는 순간이었다. 이제 마을 구석구석을 누비는 '행복 통학버스'를 타고 아이들은 안전하고 쾌적한 환경에서 등하교할 수 있게 됐다.

마지막 숙제 '온 마을 다목적 강당'

강당은 마지막 남은 숙제다. 이 숙제는 제7회 전국동시지방선거(2018. 6. 13.)로 거슬러 올라간다. 현재 김정섭 공주시장이 후보 시절에 내건 공약이었다. 계룡면 인구가 5천 명이 넘는데 주민 행사에 동원할 수 있는 대형 실내 공간은 계룡초등학교 강당 1개소뿐이었다. 게다가 하나뿐인 강당이 면 소재지에 있어 다른 지역이 상대적으로 소외되고 있다는 걸 부각했다. 경천은 옛 면 소재지이면서 공주 최대 장터가 열리던 장소였다. 경천리와 양화리 주위에 큰 부락이 형성돼 있다. 이곳에 초등학교와 중학교가 있다. 지역의 균형 발전과 균등한 혜택을 위해 '경천중학교 다목적 강당 건립' 공약이 탄생하게 된 배경이다.

2018년 7월, 공주시장이 취임과 동시에 '계룡면민과의 대화'를 위해 면을 방문했다. 계룡면장의 부탁으로 기관장이 모두 참석했다. 주민의 모습도 많이 보였다. 좁은 면사무소 대회의실에 200명이 넘게 모였다. 시장의 인사 말씀과 부서별 행정 안내가 끝나자 본격적인 면민과의 대화가 시작됐다. 뒤로 갈수록 질문과 요청사항이 많아 시간이 부족하리라 생각되어, 나는 대화가 시작하자마자 손을 들어 대화를 청했다.

"찬란한 역사와 문화의 도시, 공주시장 당선과 취임을 축하드립니다. (중략) 시장님 공약 중 '경천중학교 다목적 강당' 건립이 있습니다. 임기 내 추진하시겠지만, 다음을 참고하시어 가급적 조속한 시일 내 추진해 주시기를 부탁드립니다."

앞서 말한 대로 공약이 만들어진 과정을 유추할 수 있었기에 지역 차원의 당위성을 먼저 말했다. 이어서 학교 입장에서의 필요성을 언급했다.

- 경천초, 경천중 2개 교육기관이 있는 지역임에도 실내 강당이 없음(공동활용 제안)
- 미세먼지, 황사 등 기후변화에 따른 주민 건강을 위한 실내 체육시설의 필요성 증대
- 악천후와 계절(여름, 겨울)의 영향을 받지 않는 전천후 다목적 강당의 필요성
- 배움이 즐겁고 함께 성장하는 '온 마을학교' 실현을 위한 주민 필수 시설
- 학교 완전 개방, 마을 평생학습 프로그램 운영(천연잔디와 강당의 시너지synergy 효과)

배석한 참모들은 받아 적기에 바빴다. 내 이야기를 끝까지 듣고 시장은 지역주민의 건강과 문화증진을 위한 다목적 강당 건립의 필요성을 분명히 알고 있다며 조속한 추진을 약속했다.

2019년 1월 공주시에서 연락이 왔다. 문화체육관광부에서 문화·체육시설 공모 사업이 3월에 있으니 서류를 준비해 달라는 것이었다. '온 마을 다목적 강당'의 취지를 담아 꼼꼼하게 계획서를 작성해 제출했다. 결과는 뜻밖에도 '미선정'이었다. 사유는 2016년 동일 공모로 운동장 현대화 사업에 선정됐기 때문이다.

공주시의 플랜 B가 궁금해졌다. 충남교육청과 대응투자(도교육청 70%, 시 30%)로 갈 거라는 것이었다. 문제는 지지부진한 추진과 두 기관 간의 '핑퐁' 게임이었다. 시는 급하게 서두를 이유가 없었다. 공약은 임기 중 이행하면 된다는 식이었다. '목마른 자가 우물을 파는 법'이다. 나는 공주시 평생교육과장을 만나 조속한 추진을 부탁했다.

"도교육청의 대응투자 확약서를 받아 오세요."

돌아온 대답은 실망스러웠다. 시에서 할 일을 왜 학교에 떠넘기려 하는지 이해하기 어려웠으며, 사실 도교육청이 70%를 대응투자 한다는 건 거의 다 지어준다는 말인데, 왜 시에서 적극 나서지 않는지 이해가 되지 않았다. 시청에서 나와 바로 공주교육지원청 행정과장을 만났다. 시의 요구사

항을 전달하자 말도 안 되는 소리라며 손사래를 쳤다.

"도교육청에서는 오히려 지자체의 대응투자 계획서나 보조금 교부 내시[17]를 요청합니다. 큰 예산을 지원하는데 적게 투자하는 기관의 확약이 선행되어야죠."

서로 확약서를 먼저 받아 오라는 이야기였다. '핑퐁' 게임과 무엇이 다른가! 실타래처럼 얽힌 상황을 어떻게 풀어야 할지 고민이 깊어졌다. 우리 학교는 강당이 시급히 필요하고, 지자체는 시장 임기 중에 추진하면 되는 일이니 급할 것 없어 보였다. 도교육청은 지자체 대응투자 계획이 없으면 투자할 수 없다는 입장이었다.

다시 평생교육과장을 만나 도교육청의 입장을 분명히 전달했다.

"다른 방법을 찾아주세요. 내년(2020) 본예산으로 편성돼야 합니다. 본예산 편성을 근거로 도교육청에 대응투자를 요구할 수 있어요."

추경(追更)[18]을 언급하며 오히려 나를 설득하려는 평생교육과장에게 나는 다른 방법을 찾아달라고 단호히 말했다. 추경은 불확실하다. 그때 가봐야 아는 일이다. 더 시급한 예산 편성이 있으면 우선순위에서 밀리기 마련이기 때문이다.

"다음 달에(2019년 11월) 관내 학교를 대상으로 교육경비 심의위원회가 열려요. 우리는 어느 학교의 상황이 더 중요하고 시급한지 모르잖아요. 그래서 공주교육지원청에서 우선순위를 정해서 올리면 가급적 원안대로 반영하려고 해요."

뭔가 속 시원하게 말하지 않고 돌려서 하는 것임을 알아차렸다.

---

17) 보조금을 지원한다는 내용의 공문서

18) 예산이 정해진 뒤에 생긴 사유로 말미암아 이미 정한 예산에 변경을 가하여 이루어지는 예산.(출처: 네이버 어학사전)

"그럼 공주교육지원청에서 우리 학교를 강당 1순위로 올리면 되는 거네요?"라고 말하고 싶었지만, 다른 이유로 먼저 하지 못했을 수도 있겠다는 생각이 들었다. 자칫 특혜를 줬다는 오해가 생길 수도 있기 때문이다. 하지만 공주시, 공주교육지원청, 도교육청 모두 경천중학교 다목적 강당이 여러 이유에서 다음 순번이라는 걸 인지하고 있었다. 누군가 물꼬를 터주면 진행에 급물살을 타게 될 거라고 생각했다.

공주교육지원청을 다시 찾았다. 공주시에서 시장 공약 이행 차원으로 여러 차례 시도한 일이라서 교육지원청에서도 기회가 오면 적극 협조하겠다고 했다. 시청에서 작년 문체부 사업에 공모하는 바람에 우리 학교 대신 다른 초등학교를 강당 1순위로 올렸다는 말도 나왔다. 시청에서 우선순위대로 심사에 반영할 계획인 것 같으니 작년에 놓친 순위를 되찾아 달라는 당부를 하고 돌아왔다.

2019년 11월 예정대로 교육경비 심의위원회가 열렸다. 곧바로 12월에 공주시의회 본회의에서 공주시 2020년 본예산을 의결·확정했다. 총사업비 약 15억으로 경천중학교 다목적 강당 사업이 확정됐다. 공주교육지원청 교육장님을 비롯하여 애써 주신 분들로부터 축하한다는 연락이 왔다. 사업이 확정되기까지의 과정을 글로 읽으면 짧은 시간에 이루어진 일 같지만 실제로는 꽤 오랜 시간이 걸렸고 보기보다 복잡했다. 그야말로 발바닥에 땀 나도록 뛰어다닌 수고가 보람과 행복으로 바뀐 것이다.

마지막 숙제, 마을과 함께

2020학년도는 원격수업과 등교수업을 번갈아 가며 1년을 코로나19와 함께 보냈다. 코로나 사태로 체험학습, 국제교류 같은 정상적인 교육활동은 불가능했다. 시설 사업도 마찬가지였다. 그리고 학교마다 방학 기간을 이용한 각종 시설 계획이 줄줄이 취소됐다. 관련 예산은 반납하거나 아예 교부하지 않았다. 대신 그 예산은 원격수업과 방역에 대거 투입됐다.

원래 계획대로라면 2020년에 설계비와 건축비 전액을 교부받아 강당을 준공해야 했다. 그런데 코로나19로 설계비만 교부됐다. 건축비는 2021년에 교부한다는 내용의 공문이 왔다. 1년 동안 계획설계[19]와 실시설계[20]를 충실히 하라는 의미로 생각했다.

'온 마을 다목적 강당'이 돼야 한다. 사용자는 학생, 학부모, 지역주민 모두 해당한다. 계획설계는 본 설계 이전에 사용자의 요구를 반영하는 중요한 과정이다. 학교 외벽 리모델링 추진 사례를 본보기 삼아 사용자의 의견을 듣기로 했다. 하지만 2020년 코로나19로 엄중한 상황 속에서 학생, 학부모, 교직원, 지역의 의견을 고루 듣기란 매우 어려운 일이었다. 4월경 가정통신문과 유선으로 최대한 의견을 모았다. 주로 강당의 위치, 시설과 기능, 내·외부 환경과 디자인, 마감재와 색상에 관한 의견이었다.

- 위치   현재 풋살장을 철거하고 동일 장소에 설치
- 시설 및 기능   배구부 활동이 가능한 천장고(天障高) 확보, 배드민턴 코트 3개 이상 확보, 화장실과 탈의실, 체육 창고, 교사 연구실, 음향실, 대기실, 무대, 간이 관람석, 자동 암막커튼 설치(상단부), 냉난방기와 스피커 매립
- 내·외부 환경과 디자인   비(非)돔형 천장, 후문 신설, 창고 외부 출입문, 외벽 리모델링과 조화로운 디자인

---

19) 실제 공사를 시작하기 전 설계로, 기본설계 전 단계의 설계과정을 말한다.(출처: 네이버 지식백과)

20) 기본설계 단계에서 결정된 설계 기준 등의 제반 사항에 따라 실제 시공에 필요한 내용을 실시설계 도서 형식으로 충분히 표현하여 제시하는 설계 업무.(출처: 네이버 지식백과)

　　건축사와 계획설계 협의를 위한 충분한 의견을 확보했다. 전체적인 조화를 위해 외벽 리모델링을 설계한 건축사를 다시 불렀다. 본관과 별관을 거쳐 강당으로 이어지는 조화로운 설계를 부탁하며 사용자의 의견을 전했다. 4월에 계획설계를 의뢰했다. 통상적인 설계 기간보다 더 긴 시간을 보장했다. 그리고 충실한 설계를 부탁했다.

　　코로나 상황이 조금 나아진 2020년 7월 28일, '온 마을과 함께 만드는 강당 협의회'를 개최했다. 학교 관계자 5명, 총동창회장, 운영위원장, 학부모회장, 면장, 경천 1, 2, 3구 이장과 노인회장 각 3명씩, 총 15명이 협의회에 참석했다. 학교장 인사말과 더불어 나는 다목적 강당 건립 목적을 설명했다.

　　"학교에서 다목적 강당 건립을 추진합니다. 학생과 마을 주민의 건강, 복지, 체육, 문화생활은 물론 면 지역의 균형적인 발전을 도모할 것입니다."

　　예산 확보 과정과 추진 경과를 설명한 후 계획설계 도면을 공개했다.

　　"사용자의 1차적인 의견을 최대한 반영한 도면입니다. 담당자의 자세한 설명을 듣고 보완할 점이 있으면 편하게 말씀해 주시기 바랍니다."

　　담당 주무관의 설명이 끝나자 대체로 만족스러워하는 분위기였다.

　　"강당 규모와 접근성을 고려할 때 기존 풋살장 위치가 최적지입니다. 다행히 주변에 주택이 없어서 강당이 들어서도 조망권이나 일조권 침해 소지는 없어 보입니다. 혹시 강당 위치 관련해서 의견 있으신가요?"

　　나는 회의에 참석한 이장님과 노인회장님들께 여쭸다.

　　"최고의 위치예요. 주변에서 민원 받을 일도 없고요. 혹여라도 시끄럽다 어떻다 민원이 들어오면 우리가 다 설득하고 해결할 테니, 교장 선생님, 너무 염려 마시고 마을을 위한 멋진 강당을 지어주세요."

이장님께서 민원이 들어오면 자신들이 해결해 준다는 말에 천군만마 (千軍萬馬)를 얻은 기분이었다.

설계에 추가로 반영할 부분을 자유롭게 토론하기 시작했다.

- 사각지대에서도 무대가 잘 보이도록 무대 각도 조절, 무대 높이 조절(총동창회장)
- 별관 ~ 후문 학생 이동을 위한 연결복도(비가림막) 설치(운영위원장)
- 강당 외부 가로등 설치로 안전사고 예방(학부모회장)
- 천연잔디 운동장 이용자의 화장실 사용이 편리하도록 외부 출입문 설치(노인회장)
- '온 마을 다목적 강당'의 취지에 맞는 강당 이름 공모 제안(면장, 이장)

2021년 상반기 입찰과 착공, 하반기 준공 일정을 안내하고 진행 과정에 많은 관심과 지원을 부탁하며 협의회를 마쳤다.

실시설계는 금액이 커 입찰을 해야 했다. 입찰로 최종 선정된 건축사무소와 그동안의 과정을 이야기하고 추가로 반영할 사항을 전달했다. 이 역시 통상적인 설계 기간보다 긴 시간을 보장해 충실한 작업이 되도록 했다.

2021년 4월 교육청의 최종 설계 승인을 받아 입찰을 통해 건축 업체가 선정됐다. 5월부터 강당 공사가 시작됐고, 11월 준공을 앞두고 있다. 본격적인 작업이 시작된 6월 어느 날, 현장 소장님이 이렇게 말했다.

"교장 선생님, 공사장 주변에 안전 펜스(fence)를 설치했더니, 학교 동산 뒤편으로 주민들이 자주 올라와서 공사 현장을 지켜보고 가요. 감독자가 많네요. 하하하!"

학교 동산 쪽으로는 안전 펜스를 설치하지 못했다. 공사 현장을 자유

1. 학부모 대표단과 강당 건립 협의회 2. 마을주민과 강당 건립 협의회 3. 온마을강당 조감도

롭게 볼 수 있는 유일한 공간이다. 이장님과 노인회장님을 비롯한 주민들이 돌아가면서 현장을 둘러본다는 말을 듣고 있었다. 나도 하루 세 번은 꼬박 현장을 감독하러 나간다. 가끔씩 그 자리에서 만난 주민들이 강당에 대한 기대를 보였다. 학교와 마을이 같은 '주인의식'을 가지고 있다. 설계 첫 단계부터 마을과 함께한 결과였다. 감독의 눈이 사방에 있으니 '온 마을 다목적 강당'의 모습을 기대해도 좋을 것 같다.

2부

학교,

마을을 배우다

배움과 성장의
마을교육과정

자유학기제와 마을교육공동체의 만남

자유학기제와 마을교육공동체의 지향점은 같다. 한마디로 '학생들의 진정한 배움과 성장'을 중요한 가치로 여긴다. 두 정책의 공통적인 목적은 다음 세 가지 관점[1]에서 생각해 볼 수 있다. 첫째, 암기와 주입·전달식 기존 수업에서 벗어나 배움의 공간을 마을로 확장하는 '공교육 혁신'이다. 둘째, 삶과 연계된 수업으로 자신이 삶의 주체가 되어 사회의 일원으로 성장하는 '삶을 위한 교육'이다. 셋째, 학교와 마을의 결합으로 마을의 교육생태계를 복원하는 '지속 가능성'의 차원이다. 경천중학교는 마을교육과정을 기반으로 '마을과 함께하는 자유학년제'를 운영해 학생들의 교육적 경험을 확장시키고 있다.

전국적으로 마을교육공동체의 씨앗이 움트기 시작한 2016년, 경천중

---

1) 경기도교육연구원(2016)

학교는 선도적으로 2학년 1학기를 자유학기제로 운영했다. 충남에서는 유일하고 전국에서도 열 개 학교 내외였다. 충남의 나머지 186개 중학교는 모두 1학년 2학기를 자유학기제로 운영했다. 학년을 떠나 '1학기'를 자유학기제로 운영한다는 것은 부담스럽다 못해 선뜻 결정하기 어려운 일이었다. 그래서 1학년 1학기를 시행하겠다는 학교는 전국적으로도 거의 없고, 2학년 1학기를 대상으로 하는 학교도 열 개 학교 내외에 불과했던 것이다. 최소한 충남에서 아무도 가지 않을 때 경천중학교가 선구적인 역할을 한 것은 틀림없는 사실이다. 2017년에는 중학교 1학년 전 학기를 자유학년제로 운영하면서 두 정책의 접목을 시도했다. 2018년부터는 자유학년제 농어촌 공동교육과정 운영을 신청해 지역 '초-중-마을'을 잇는 교육과정을 운영했다. 2019년부터는 2학년 1학기를 연계학기로 확대 운영해 자유학년제를 마친 1학년이 2, 3학년이 되어서도 자유학기제 도입 취지에 맞는 배움과 성장을 이어가도록 했다.

배움과 성장의 자유학기제

우리 학교는 자유학기제 도입 취지를 살려 학생들의 삶에 필요한 역량을 키우는 '교과활동', 학생들의 흥미와 참여에 기반한 '자유학기활동'을 균형적으로 운영하고 있으며, '교과활동'으로 삶과 연계한 마을교육과정을 운영한다. 2018년부터 '자유학년제 농어촌 공동교육과정'의 일환으로 '초-중-마을' 연계 마을교육과정을 운영하면서 마을교육공동체를 활성화하고 있다. 또 교과 교사들이 수업 중 해당 교과와 관련한 진로수업을 병행한다. 이전보다 폭넓은 교과 통합 진로 교육이 이뤄지고 있다. 이와 같은 노력으로 2016년 전면 시행된 자유학기제를 조기에 안착시킬 수 있었다. 2017년에는 교육부에서 자유학기제 교육과정 운영 우수학교로 선정했다.

경천중학교는 자유학년제와 일반학기 연계(2학년 1학기) 확대로 '삶을 배우는 마을교육과정'을 운영하며 자유학년제 농어촌 공동교육과정으로 '초-중-마을' 연계 마을교육과정을 운영하는데, 이 점이 다른 학교와 뚜렷하게 구별되는 특징이다.

삶을 배우는 마을교육과정

나는 '자유학기제'라는 정책이 교사들에게 온전한 수업권과 평가권을 돌려주었다고 생각한다. 시험을 위해 교과 진도를 맞추고 한정된 수업시간 동안 시험에 나오는 지식을 가르치는 게 교단의 일상일지도 모르지만, 한편으로 생각해 보면 이런 상황이 교사들에게 전통적인 수업의 형태를 부추겨왔다는 생각이 든다. 가르친 것을 시험에 출제해야 하는 부담과 압박감 속에서 실제 세상에 필요한 역량을 가르치는 건 언감생심(焉敢生心)일 수도 있다.

그렇다면 자유학기제는 어떤가? 단원, 시기, 난이도 등을 망라하여 교사가 수업 의도에 따라 교육과정을 재구성할 수 있다. 가르친 것에 대해 다양한 방식으로 '과정 중심' 평가를 할 수도 있다. 교사가 수업에서 실제 생활에 필요한 역량을 가르칠 수 있고, '무엇을 아는가'에서 '무엇을 할 수 있는가'를 과정 중심으로 평가할 수 있게 됐다. 이를 두고 교사의 온전한 수업권과 평가권이 보장되었다고 한 것이다.

우리학교의 배움과 삶을 연결하는 마을수업은 자유학년(1학년)을 중심으로 시작되었다. 처음에는 단일 교과 중심으로 마을수업이 이루어졌다. 점차 교과 간 시기와 주제를 정하여 융합수업을 시도하는 사례가 늘었다.

자유학년제 마을교육과정 재구성

교과	학년	시기	단원 (주제)	마을에 관한	마을을 통한	마을을 위한
국어	1	1학기	3. 언어랑 국어랑 놀자 (우리 마을 지역방언 조사하기)	○		
사회	1	1학기	1. 내가 사는 세계 (공주시 맛집 주제도 그리기)			○
수학	1	2학기	VI. 통계 1. 자료의 정리와 해석 (우리 마을 통계신문 만들기)	○		○
과학	1	2학기	III. 생물의 다양성 1. 생물 다양성 보전 (우리 마을 농작물 조사)	○		
영어	1	1학기	Lesson 2. Have Fun at School (우리 마을 영어단어장 만들기)	○	○	
진로	1	2학기	II. 일과 직업의 세계 (마을 직업군 찾아보기)	○	○	
미술	1	1학기	2. 생활 속 시각 문화 (우리 마을 동물 지키기 캠페인)			○
체육	1	1학기	㉑ 여가와 운동 처방 1. 건강과 여가활동 (마을 주민과 함께하는 건강한 여가생활)	○		

자유학년제 마을교육과정(수학) 운영 사례

<우리마을 통계 신문 만들기> 프로젝트 수업(4차시 구성)

조별로 마을의 통계 주제를 선정(1차시), 도수분포표와 히스토그램 등을 활용한 신문 만들기 활동(2~3차시), 조사 내용을 조별로 발표하고 마을의 발전 방향 토의(4차시) 과정으로 진행한다. 본 사례는 사회 교과의 '저출산과 고령사회'와 주제 통합 융합수업이다. 계룡면의 고령 인구 비율을 조사한 「계룡면 연령별 인구분포도」 수업이다. 학생은 자신이 살고 있는 마을이 UN 기준으로 초고령화 사회를 훌쩍 넘어서고 있음(36%)을 확인한다. 마을 살리기를 위한 저출산과 인구절벽 시대 극복을 위한 토론을 이어간다.

UN 기준에 따르면 65세 이상 인구가 7% 이상일 때 고령화사회, 14%를 넘으면 고령사회, 그리고 20%를 넘게 되면 초고령사회로 분류된다. 고령 인구 비율은 '65세 이상 인구/총인구×100'으로 산출할 수 있다.(사회 교과 융합 수업 중)

마을수업을 경험한 1학년이 상급 학년으로 올라가면서 지속적인 마을수업을 원하게 되었고, 교사들은 기꺼이 전체 학년으로 마을수업을 확장해 운영하고 있다.

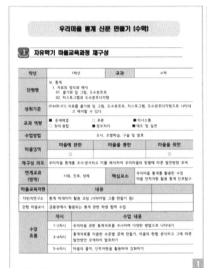

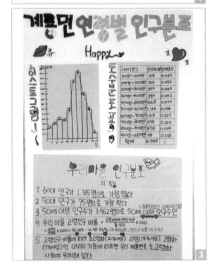

1, 2 우리 마을 통계 신문 만들기 수업 재구성
3 내가 사는 마을이 초 고령화 사회라는 사실을 알게 된 학생이 만든 우리 마을 통계 자료

혁신학교 아닌 혁신학교

경천중학교는 구분상 '혁신학교'는 아니다. '혁신학교'란 무엇일까? 나는 '혁신 없는 혁신학교'는 혁신학교가 아니라고 생각한다. 그리고 교육공동체가 학교의 철학과 비전을 공유하고 유기적으로 연계되게 된다면, '혁신학교'라는 타이틀 없이도 학교를 혁신할 수 있다고 생각한다. 이런 측면에서 경천중학교는 '혁신학교'라 할 수 있다.

또한, 정책 도입 자체가 혁신을 보장하지 않는다. 정책이 갖는 이상이 실천을 통해 구현되어 열매 맺을 때 혁신은 이루어진다. 나는 경천중학교 교육과정이 혁신학교 이상의 가치를 실천하면서 동시에 실현하고 있다고 자부한다. 많은 사람이 경천중학교가 '혁신학교'가 아님에도 혁신학교 이상의 혁신을 이루고 있다며 놀라는 이유이기도 하다.

초·중·고 학교급 간 수직적 연계는 혁신의 연속성을 확보할 수 있다. 초등학교 졸업생이 같은 지역의 혁신 중학교와 고등학교에 진학하면 익숙한 학교문화와 교육 가치를 경험하게 된다. 또 마을과 지속적인 교육과정 연계로 균형적인 성장이 가능하다. 삶과 연계된 교육은 지역 시민으로의 성장을 돕는다는 긍정적인 평가(경기도교육청, 2019)도 주목할 만하다. 이러한 특징을 중심으로 경천중학교의 자유학년제 '초-중-마을 연계' 공동교육과정 실천 과정을 살펴보고자 한다.

초-중 연계 9개년 교육과정

계룡면에는 경천초등학교, 계룡초등학교, 경천중학교 총 3개 학교가 있다. 경천초등학교는 전교생이 30명이 조금 넘는 전형적인 농촌학교다. 이름에서 알 수 있듯이 경천중학교와 지리적으로 인접하여 공동교육과정 운영에는 최적의 환경이다. 계룡초등학교는 경천 지역에서 6km 정도 떨어진 면 소재지에 있다. 전교생 90명 수준의 학교로, 면 지역 초등학교치고는 큰 규모에 속한다. 하지만 경천중학교와 물리적 거리가 있어 교육과정 연계 상 제한이 따른다.

두 초등학교가 같은 면 지역에 있고 10분 이내의 거리에 있다. 겨우 6km, 10분 차이의 거리지만, 학생과 학부모의 성향과 문화에는 차이를 보인다. 공주 시내와의 접근성이 좋은 계룡초등학교, 계룡면 끝자락이자 논산시와 가까운 경천초등학교라는 지리적 여건에서 비롯한 듯하다. 특성이 다른 두 초등학교와 교육과정을 연결하고, 나아가 마을과 연계하기 위한 고민이 깊어진 이유다.

나는 과감하게 '초-중 연계 9개년 교육과정'이라는 비전을 세우고 학교 간 공동교육과정 운영을 위해 긴밀한 협의를 해나갔다. 우선 세 학교 교장이 한 달에 한 번씩 열리는 기관장 회의에서 만났다. 소소한 학교 이야기부터 시급한 현안 과제에 이르기까지 진솔한 공감대가 형성되자 각 학교의 특성을 이해하게 되었다.

초-중 연계 공동교육과정 비전

학교 간 공동교육과정 운영의 기틀을 마련코자 중학교의 자유학년제를 중심으로 각 초등학교의 정규 교육과정, 창의적 체험활동, 마을의 인적·물적 자원을 연계했다. 각 초등학교의 창의적 체험활동(동아리활동)과 학교스포츠클럽을 중학교의 자유학기활동(동아리활동, 예술·체육활동)과 연계했다. 학교 간 방과후학교를 연계하여 연속성과 전문성을 높이고자 했다.

경천중학교와 계룡초등학교의 공동교육과정

계룡초등학교의 학교스포츠클럽 배구부는 전국대회에서 1위를 할 정도로 아이들의 실력이 뛰어나다. 작은 지역의 초등학생들이 이만한 특기와 흥미를 보이는 경우는 흔치 않다. 아이들의 재능과 실력이 너무 아까워 어떻게든 중학교와 연결하고 싶었다. 그래서 우리 학교에 배구부를 창단했다. 자유학기활동(동아리활동)으로 배구부를 창단하기까지는 숱한 어려움이 있었다. 그중에서 가장 큰 어려움은 실내 체육활동을 할 수 있는 강당이 없다는 것이었다. 계룡초등학교 교장 선생님의 관심과 배려로 초등학교 강당과 코치를 그대로 활용할 수 있었다. 초-중학교 연계가 강화되고 양교 간 학교스포츠클럽이 더 활성화되는 계기가 되었다. 계룡초등학교를 졸업하는 학생이 경천중학교에 진학하면서 익숙한 강당과 친숙한 코치에게 수업을 이어가니 동아리활동의 연속성과 전문성이 한층 강화된 셈이다. 이는 물리적 공간의 제약을 극복하게 된 사례이자 사회적 공간으로서 '공유공간'에 대해 재해석하는 기회가 되었다.

계룡초등학교 재학생과 학부모의 제안으로 중학교에서 밴드부를 창단했다. 자유학기활동(예술체육활동)과의 연계를 위해 밴드부실을 만들고 악기와 앰프를 구비했다. 계룡초등학교 밴드 강사를 그대로 초빙하여 수업의 연속성을 확보했다. 이후 마을축제에서 초·중 밴드부가 함께 무대를 꾸미기도 했다. 그러자 밴드부를 희망하는 학생이 늘어나 자유학기활동과 별개로 방과후학교 프로그램을 개설했다. 수준별로 반을 편성하고 연습 시간을 확보해 다양한 곡에 도전하고 있다. 이런 과정에서 이 아이들이 '대한민국 청소년 축제 영페스타(Young Festa)'에 출전해 2017년 장려상, 2018년 대상, 2019년 우수상의 쾌거를 이뤄냈다. 대회 연속 수상은 학생의 자긍심을 높이는 계기가 되었다. 자유학기제의 목적인 '꿈과 끼'를 찾는 데 한 발 더 다가선 것이다. 하지만 2020년과 2021년 대회가 코로나19로 취소됐다. 아이들이 계속 연습은 하고 있는데 무대에 오를 기회가 없어 안타깝다.

경천중학교-계룡초등학교 공동교육과정

구분	초-중 연계 방과후학교(연속성)	초-중 연계 학교스포츠클럽(연속성)
운영 내용	동일 강사(밴드)의 지도로 초등학교 졸업 후 연계 심화 지도	동일 강사와 종목(배구) 지도로 초등학교 졸업 후 연계 심화 지도
활동 사진		

버스킹 공연을 하는 계룡초 밴드부(1)와 경천중 밴드부(2)
학교스포츠클럽 배구대회에 출전하는 계룡초 배구부(3)와 경천중 배구부(4)

경천중학교와 경천초등학교의 공동교육과정

경천중학교와 도로를 사이에 두고 이웃한 경천초등학교는 계룡초등학교와 달리 졸업생 전원이 본교로 진학한다.[2] 같은 친구, 선후배들과 9년간 같은 초·중학교를 다녀야 하는 학생들은 가족만큼 가까운 관계다. 자칫 관계가 틀어지면 좁은 지역에서 긴 시간을 함께 보내야 하는 것만큼 곤란한 경우도 없을 것이다. 그래서 경천초등학교와 본교는 평소 활발한 교육과정 왕래를 통해 아이들의 일상을 공유하고자 노력하고 있다.

경천초등학교는 작은 학교 특성상 저학년을 제외한 나머지 학생이 요일별로 무학년제 동아리활동과 방과후 활동을 하고 있다. 탁구, 방송댄스, 연극, 밴드, 인라인스케이트를 배운다. 중학교에서 모든 프로그램을 연계할 수는 없다. 초등학교와 협의하여 만족도가 높은 프로그램인 탁구와 방송댄스를 자유학기활동(동아리활동, 예술·체육활동)에 편성했다. 직접 연계하지 못한 연극은 중학교 방과후 프로그램인 뮤지컬 수업으로 개설했다. 상대적으로 만족도가 낮은 밴드는 희망자에 따라 중학교 밴드부에 등록할 수 있게 하고 있다.

경천초등학교는 공주시 학교스포츠클럽 탁구대회에서 우승하고 도 대회에서도 입상할 만큼 우수한 실력의 학생이 많다. 그래서 초등학교 탁구 강사를 그대로 초빙하여 예술·체육 활동, 학교스포츠클럽 탁구반을 지도하게 했다. 실력이 늘어 매년 학교스포츠클럽 탁구대회에 출전해 입상하고 있다. 방송댄스도 같은 강사를 초빙하려 했지만 강사와 시간이 맞지 않

---

2) 계룡초등학교는 학생의 주소지를 기준으로 경천학구(경천중학교)와 시내학구(시내 중학교)를 선택할 수 있다. 몇 년 전까지만 해도 경천학구로 진학하는 졸업생이 20%도 되지 않았다. 현재는 졸업생의 80% 가까이 경천학구로 진학하고 있다.

아 다른 강사를 채용했다. 하지만 초등학교 강사와 중학교 강사가 상호 협의하여 기존에 배운 곡과 댄스를 공유하며 심화 과정을 이어가고 있다.

경천중학교는 자유학년제 학생을 대상으로 생활목공 수업을 운영하고 있다. 마을에서 오랫동안 공방을 운영하면서 어린이집 아이들에게 나무와 흙을 만지는 수업으로 자연의 소중함을 가르치는 분을 마을교사로 위촉했다. 경천초등학교 교장 선생님께서 학교에 목공실이 없으니 중학교에서 목공수업을 열어달라고 하셨다. 나는 반갑게 목공실을 열어드리고 목공 강사를 연결해드렸다. 경천초등학교는 창의적 체험활동 교육과정으로 목공수업을 편성해 운영하고 있다.

두 학교는 교육과정 연계에 그치지 않고, 안전하고 효율적인 학교경영 전반과 건강한 학교문화 조성을 위해 지혜를 모으기로 했다. 예컨대 일손 바쁜 농촌에서는 봉사위촉직 적임자를 찾는 데 큰 어려움이 있었다. 그래서 두 학교 교장이 성실하고 책임감 있는 마을주민을 찾아 나섰다. 기초학습도우미와 배움터지킴이 적임자를 찾아 공동 위촉했다. 기초학습도우미는 초등학교에서 기초학력 부진학생에게 한글 지도, 독서 지도, 과제해결 지도를 했다. 이 아이들이 경천중학교에 진학한 후에도 동일한 기초학습도우미를 만나 체계적인 학습지원을 받음으로써 기초학력이 향상되고 있다. 배움터지킴이는 오전에는 중학교에서 등교하는 학생의 교통안전 지도, 취약시간·취약지역 순찰, 학교 외부인 출입 통제로 안전한 학교를 위해 수고해주신다. 오후에는 초등학교에서 마을도서관으로 이동하는 학생을 안전하게 안내해주셔서 학생과 학부모의 만족도가 매우 높았다. 배움터지킴이도 중학교에 진학한 아이들의 이름을 알고 있어 학생 보호와 안전사고 예방에 큰 도움이 된다고 했다. 마지막으로, 마을도서관과 학교의 공간(목공실, 천연잔디 운동장, 인라인 연습장 등)을 공유하는 점도 학교 간, 학교급 간 담장을 허물었다는 평가를 하고 싶다. 마을도서관 활용에 대해서는 「4부-마을, 학교와 만나다」에서 자세히 다루었으니 참고가 될 것이다.

경천중학교-계룡초등학교 공동교육과정

구분	초-중 연계 방과후학교(연속성)	초-중 연계 학교스포츠클럽(연속성)
운영 내용	○ 동일 강사(탁구, 방송댄스)의 지도로 초등학교 졸업 후 연계 심화 지도 ○ 창의적체험활동으로 목공수업 연계	○ 기초학습도우미, 배움터지킴이 공동활용으로 초-중 연계 기초학습지도 및 생활지도 ○ 마을도서관, 목공실, 천연잔디 운동장 등 공유 공간 활용도를 높임
활동 사진		

1 학교스포츠클럽 탁구대회에 출전하는 경천중 탁구부(경천초를 졸업한 신입생 포함)
2 경천초와 경천중 학생이 함께 배우는 목공수업 3 두 학교를 함께 지도하는 기초학습 도우미와의
독서시간 4 두 학교가 천연잔디 운동장을 함께 사용하는 체육활동

경천중학교와 두 초등학교의 공동교육과정

지금까지 경천중학교와 각 초등학교가 공동교육과정을 운영한 사례를 소개했다. 다음은 세 학교가 공동 운영한 사례다. 충남교육청 소속 모든 학교는 매년 2월 '학교 교육계획 및 교육과정 수립 주간'을 운영한다. 교

직원의 집단지성을 활용해 신학기에 수업과 생활교육에 전념할 수 있는 환경을 조성하고 있다. 이 기간에 세 학교 교장이 만나 공동교육과정에 대한 의견을 나누고 일정과 방향을 협의한다. 특히 공동교육과정 중심학교인 경천중학교에서 협의 내용을 준비하고 교장 선생님들 간에 큰 틀에서 합의를 이루는 형식이다.

경천초등학교나 계룡초등학교 중 한 학교와 연계는 몇 년째 하다 보니 비교적 안정적으로 자리를 잡았다. 하지만 세 학교 간 교집합적인 부분을 찾아 공동교육과정으로 엮기란 여간 어려운 일이 아니었다. 우선 중심학교인 경천중학교에서 두 초등학교를 초청하기로 했다. 각 초등학교에서 동아리활동, 학교스포츠클럽, 방과후학교로 운영하고 있는 활동을 파악했다. 그중에서 자유학기활동(동아리활동, 예술·체육활동, 진로탐색활동)과 연결할 수 있는 활동을 중심으로 공동교육과정을 구상했다. 예컨대 한 학기를 활발하게 보낸 각 학교가 여름방학을 앞둔 어느 시점에 다 같이 모여 오전(또는 오후) 4시간 동안 공동 시간표를 운영했다. 효율적인 운영을 위해 중학교는 자유학기 대상인 1학년 전체, 각 초등학교는 6학년으로 대상을 한정했다. 그러면 해마다 다르지만 40~50명의 학생이 한자리에 모이게 된다. 중학교 1학년은 바로 직전 해까지만 해도 6학년 아이들과 한 학교에서 친하게 지내던 선후배 사이다. 그들의 만남은 오랜만에 만나는 반가움과 어색함이 뒤섞여 서로 들떠있는 모습이었다. 각 초등학교를 졸업한 선배들이 직접 멘토로 나섰다. 반나절의 프로그램을 함께하면서 선후배 간의 돈독한 우정을 나누었다. 전체가 참여하는 인성교육 프로그램으로 1교시를 시작했다. 2~3교시는 경천초-경천초 졸업생과 계룡초-계룡초 졸업생 두 조로 나눠 앞서 소개한 연계 수업을 심화하여 진행했다. 다시 전체가 모여 진로탐색활동(4교시)을 마지막으로 아쉬운 작별을 했다. 두 초등학교는 같은 지역에 있지만 왕래가 없어 학생들이 서로 알지 못하는 사이였는데, 이번 기회를 통해 서로 얼굴을 익히고 중학교에 입학할 때 다시 만나는 반가운 친구가 된 것은 또 하나의 값진 결과다.

경천중학교-경천초등학교-계룡초등학교 공동교육과정

구분	초등학생과 졸업생 멘토 활동	공동교육과정 수업 활동
운영 내용	○ (경천초) 생활목공 DIY ○ (계룡초) 배구 연습 및 친선 경기	○ 인성교육 프로그램 ○ 진로탐색활동(MBTI 등)
활동 사진		

1. 계룡초 배구부와 경천중 배구부의 친선 경기(계룡초·경천중 학생 선후배)
2. 생활 소품을 만드는 생활목공 DIY 수업(경천초·경천중 학생 선후배)
3. 부모님께 드릴 효(孝) 꽃바구니 만들기 4. 내 적성을 알아보는 MBTI 검사

온 마을이 함께 만드는
학교 교육과정 설명회

배움과 성장의 공동체

새 학기 교사는 학교생활, 평가, 학사일정, 생활지도에 대한 정보 제공자이며 안내자이다. 새로운 학생들을 만난다는 설렘도 크지만 산적한 업무에 부담도 크다. 하지만 학교가 단지 학습을 위해 인위적으로 모인 집단이 아니라 '배움과 성장의 공동체'라는 점을 떠올린다면 전문직인 교사의 사명과 책무성은 남달라야 한다.

흔히 교사, 학생, 학부모를 교육의 3주체라고 한다. 1부에서 기술한 내 학교경영 철학으로 바라본 교육의 주체는 '교육공동체'라는 이름으로 새롭게 정의할 수 있다. 교사를 비롯한 교육활동에 관여하는 모든 '교직원'과 배움이 삶 속에서 실현되는 배움터인 '지역사회'를 포함한다.

새 학기를 맞아 교육공동체가 만나 1년 교육과정에 대해 공유하고 의견을 나누는 것은 즐겁고 행복한 학교 만들기의 첫걸음이다. 학교가 문턱을 낮추고 마을과의 경계를 허물어 교육과정을 함께 만들고자 하는 진심

예비 학부모와 마을주민께 보내는 학교 교육과정 설명회 초청장

과 의도를 전달할 필요가 있다. 전체 교직원 협의회에서 지금까지 학부모를 대상으로 한 학교 교육과정 설명회를 지역 초등학교 학부모와 마을주민으로 확대하자는 의견이 있었다. 정성스럽게 초청장을 만들어 초등학교 학부모께 전달했다. 또 면사무소, 우체국, 농협, 파출소, 119안전센터 같은 기관에 초청장을 비치했다. 주요 게시대에 현수막을 설치하여 마을주민에게도 적극 홍보했다.

온 마을이 함께 만드는 교육과정, 온 마을이 함께 키우는 우리 아이

'온 마을과 함께하는 교육과정 설명회'는 2017년 9월 교장 부임과 동시에 시작했다. 해를 거듭할수록 지역 초등학교 학부모와 주민의 참여가 늘

고 있다. 현재는 전체 참석자의 30~40% 정도가 초등학교 학부모와 주빈들이다. 더 활발한 참여와 공감을 기대했던 2020년과 2021년 1학기는 아쉽게도 코로나19로 설명회를 개최하지 못했다. 이로 인해 학교와 마을의 유대관계가 소원(疏遠)해질까 봐 걱정이다. 공감적 관계를 형성하는 데는 오랜 시간이 걸렸다. 멀어지는 건 한순간이다.

이 설명회의 목적은 '온 마을이 함께 만드는 교육과정, 온 마을이 함께 키우는 우리 아이'에 대한 공감이다. 참석한 분들과 학교의 비전을 공유하고 의견을 나눴다. 모두 같은 마음을 품어야 한다는 신념으로 해마다 주제가 있는 특강을 준비했다. 작은 학교 활성화를 위한 공모교장[5]의 '행복한 작은학교 이야기', 교육부 자유학기제 담당 교육연구사의 '자유학기와 마을교육공동체를 통한 미래교육', 충남교육청의 혁신학교 태동을 이끈 장학관의 '모두 함께 성장하는 행복한 교육공동체'로 연결되는 주제 특강이었다. 참석자들의 경청하는 태도와 몰입도는 대단히 높았다. 특강이 끝나면 자연스럽게 질문으로 이어졌다. 집에 가야 하는 강사님을 붙잡고 궁금한 것을 묻고 사례를 들려달라고 했다. 반응이 좋았다. '학교가 마을과 소통을 시작했구나!'

온 마을 교육과정 설명회 주제 특강

일자	강사(소속)	주제	비고
2017. 9	교장 공○택 (대술중학교)	자녀를 위한 선택! 작은학교의 행복 - 주인공 vs. 엑스트라 -	충남교육청 작은학교 공모교장
2018. 3	교육연구사 윤○돈 (대한민국 교육부)	자유학기제와 마을교육공동체로 살펴보는 미래교육	교육부 자유학기제 담당 연구사
2019. 3	장학관 윤○준 (공주교육지원청)	아이와 교사, 마을주민이 함께 성장하는 교육공동체	공주교육지원청 교육과장

1 행복한 작은학교 특강 2 자유학기와 미래교육 특강 3 함께 만드는 마을교육공동체 특강

---

5) 농산어촌 학교, 도서지역학교, 혁신학교, 자율학교로 지정된 학교 중 교장공모학교 지정(근거: 2021 충남교육청 교장공
모제 운영계획)

'마을과 학교를 잇다'
― 온 마을 발표회

축제의 새 이름 '온 마을 발표회'

작은 학교는 학생과 교직원 수가 적어 도시의 여느 학교처럼 매년 축제, 수학여행 같은 대규모 행사를 기획할 여력이 없다. 경천중학교는 학교 축제, 수학여행, 수련활동을 1년에 하나씩 3년 주기로 교육과정에 반영한다. 중학교를 졸업하기 전까지 세 가지 활동을 모두 경험한다.

2018년은 수십 년 전통에 빛나는 '경천제(敬天祭)'를 개최하는 해였다. 일반적인 학교 축제처럼 학생들이 1년간 준비한 프로그램을 발표하고 학부모를 비롯한 내빈들이 박수를 보냈다. 조용한 시골 마을에 신나는 음악 소리와 화려한 조명은 마을 사람들의 이목을 끌기에 충분했다. 하이라이트인 불꽃놀이라도 할 때면 담장 너머 서성이는 사람과 까치발로 쳐다보는 아이들의 광경이 낯설지 않았다. 그때 문득 의문이 들었다. '그들은 왜 학교 밖에서 축제를 즐겨야 할까?' 학교 문이 활짝 열려 있는데도 들어오지 않는 사람들…. 학교가 마을과 단절된 '외로운 섬'임을 증명이라도 하는 듯했다.

마을주민에게 학교 담이 얼마나 높았으면 활짝 열린 정문으로 들어오는 것조차 어려워했을까? 경천제의 과감한 변화가 필요함을 나는 직감했다. 우리 학교 경천제는 시대의 요구에 따라 마을이 참여하는 '마을축제'로 다시 태어나야 했다. 하지만 사립학교의 오랜 전통인 학교축제를 이름까지 모두 바꾼다는 건 교장에게도 여간 부담스러운 일이 아니었다. 내 의견에 대해 학교축제의 정체성을 우려하는 목소리도 있었다. 충분한 논의 끝에 '지역과의 단절 회복'을 위해 학교축제의 새로운 전통을 만들어야 한다는 데 뜻이 모아졌다.

마을과 함께 준비하는 축제

내가 가장 먼저 시작한 일은 지역과의 소통이다. 경천리 세 분 이장님과 노인회장님, 면장님, 지역 초등학교 교장 선생님, 본교 학생회 임원과 학교 관계자(학교운영위원장, 학부모회장, 담당 교원 등)를 한자리에 모셨다. 우선 마을축제의 목적과 필요성을 설명했다. 이어서 마을축제의 형식, 시기, 장소 같은 전반적인 사항을 논의했다. 학교가 마을주민과 학교 현안을 논의한 적이 없어서인지 어색한 분위기 속에서 서로 말을 아끼는 듯했다.

"마을의 참여가 이번 축제의 핵심입니다."

내 말에 용기를 내어 활발한 토의가 시작됐다. 면장님이 먼저 말문을 열었다.

"면에 있는 어린이집과 초등학교에서도 함께 재능을 발표하는 자리가 있으면 좋겠어요."

회의에 참석한 한 초등학교 교장 선생님도 초등학교에서도 축제를 준비하고 있으니 무대에 올려도 좋을 것 같다고 호응했다.

누구나 참여할 수 있는 신나는 축제라며 이름을 '온 마을 발표회'로 정했다. 내친김에 날짜도 확정했다. 2018년 10월 6일 토요일.

운동장에서 매일 운동을 한다는 이장님이 제안하셨다.

"학교에 강당이 없으니 운동장에 무대를 꾸미면 어떨까요?"

다들 긍정적인 분위기였지만 내 생각은 조금 달랐다.

"마을축제이니 누구나 접근하기 편한 경천장터에 가설무대를 만들고 싶어요."

1부에서 경천을 소개한 것처럼 경천장터는 공주 최대의 규모로 열리던 공간이다. 이제는 공터로 마을 중심에 있고 넓은 공간을 모두 사용할 수 있다. 나는 가설무대를 만들고 천막을 쳐 행사장을 만들자고 제안했다. 올해는 마을에서 열고, 주민이 익숙해지면 다음에는 학교에서 열면 좋겠다는 의견에 모두 동의했다.

프로그램에 대해서도 이야기가 나왔다. 이번에도 면장님이 적극적으로 의견을 내셨다.

"계룡면에 13개 기관과 30여 개 단체가 있어요. 기관·단체장님께 안내해서 당일 봉사로 행사 부스 운영이 가능한지 모집해 보겠습니다."

다른 초등학교 교장 선생님은 면내 교육기관을 활용하자고 제안했다.

"마을의 모든 어린이집과 초등학교가 학예발표회를 준비하고 있어요. 마을 발표회 때 어르신들과 부모님 앞에서 재롱잔치를 하는 것도 좋을 것 같아요."

경천중학교 학생회장은 학생회가 바자회를 운영해 보겠다며 도움을 청했다.

"선생님들과 재학생이 집에서 사용하지 않는 물건을 모아 주면 학생회에서 바자회를 주관하고 싶습니다. 마을 분들이 보내주신 물품도 모으면 더 좋을 것 같아요."

학부모회장님은 학생 경제교육 차원에서 바자회 물품 가격을 정하고 판매하는 걸 돕겠다고 하셨다. 자율방범대장을 맡고 있는 운영위원장님은 행사 당일 학생·주민의 교통안전을 위해 차량을 통제하고 주차 안내를 하겠다고 했다.

"마을 노인들이 하루하루 무료하게 지내고 있는데 참 반가운 소식이네요. 볼거리가 잘 준비된 것 같은데, 간단하게나마 점심을 제공하면 우리 노인들이 무척 좋아할 겁니다."

노인회장님이 조금 민망한 표정으로 말씀하셨다. 민망하실 것 없는 좋은 생각이었다. 점심을 간단히 제공하면 더 많은 노인분이 오실 테고, 그래야 진정한 마을축제가 될 것이다. 첫 모임치고는 다양한 의견이 모아졌다. 이후 몇 차례 의견을 종합해 최종적으로 학교 교육과정에 반영했다.

1부 부스체험은 오전 11시~오후 2시까지, 2부 공연 발표회는 오후 2시~4시까지 운영하기로 했다. 20개의 부스체험 활동 중에서 경천중학교가 5

온 마을 발표회 프로그램 운영 계획

구분	프로그램	비고
1부 행사 (11:00~14:00)	• 먹을거리 제공	훈이네 국밥(쿠폰)
	• 체험 부스	기관·단체 재능기부
	• 교육활동 전시	자유학기 교육활동 결과물
	• 플리마켓(벼룩시장)	학생자치회 주관
2부 행사 (14:00~16:00)	• 초·중학교 교육활동 발표	동아리 공연
	• 학부모 공연	
	• 지역주민 공연	평생학습동아리
	• 특별공연(마술쇼, 성악가 공연)	공주교육장 외

개 부스를 맡고 나머지는 지역 기관·단체와 마을주민이 자원봉사로 참여
하기로 했다. 축제에 온 모든 사람에게 국밥 한 그릇씩 대접할 요량으로 경

온 마을 발표회 체험 부스 구성

순	체험명	소속(담당)	비고
1	운영본부(등록 및 접수)	행정실장	식사 쿠폰 제공, 생수
	마을도서관 도서 후원	명예관장	마을도서관 홍보 및 도서구입 후원
	운영본부(응급대기)	교사 김○○	비상약품 등
2	타일 벽화 손글씨	교사 최○○	좋은 문구
3	솜사탕/팝콘	교사 김○○	담당 학생 지정
4	캘리그라피	교사 김○○	방과후학교 연계
5	전통놀이	마을교사 양○○ 외	투호, 제기차기, 비석치기 등
6	DIY 목공예 체험	강사 신○○	방과후학교 연계
7	OHP 필름 만화	강사 신○○	방과후학교 연계
8	디자인	강사 박○○	방과후학교 연계
9	보드게임 배틀	교사 이○○	쿼리도, 큐브 등
10	장애이해 체험	남부장애인복지관	기관(단체) 재능기부
11	금융체험교실	계룡면 새마을금고	기관(단체) 재능기부
12	다육화분 심기	마을교사 이○○	귀농귀촌 마을주민
13	천연비누 만들기	마을교사 최○○	귀농귀촌 마을주민
14	벼룩시장	학생자치회	학부모회 연계
15	전시 부스	교사 최○○	교과별 자유학기 교육활동 결과물
16	열쇠고리 만들기	마을교사 김○○	기관(단체) 재능기부
17	매듭팔찌와 차	학부모회	학부모회 재능기부
18	군밤	이장단	기관(단체) 재능기부
19	학교폭력예방교실	공주경찰서 여청계	기관(단체) 재능기부
20	교통안전체험	자율방범대	기관(단체) 재능기부

천장터 인근 식당에 국밥 400그릇을 주문했다. 시골에서 점심에 400인분을 판다는 것 자체가 대단한 일이다. 일시적이지만 마을 경제 선순환에도 도움이 되길 바랐다. 2부 공연 발표회는 어린이집 2곳, 초등학교 2곳, 경천중학교, 마을의 평생학습동아리가 참여했다. 특별 공연으로 공주교육지원청 교육장님의 마술쇼와 교장연수 동기인 부부성악가의 공연, 이렇게 15가지의 다채로운 프로그램으로 공연 발표회를 구성했다.

방해꾼 '태풍'을 따돌린 마을의 지혜

3년 만의 학교축제이자 첫 마을축제를 철저하게 준비했다. 행사를 일주일 앞두고 태풍 '콩레이'의 북상 소식이 심상치 않았다. 뉴스마다 행사 당일인 10월 6일 최고조에 달할 거라는 기상 예보를 쏟아 냈다. '이게 얼마나 오랫동안 기대하며 준비한 행사인데… 이제 어떻게 해야 하나?' 망연자실했다. 마음을 다잡고 정신을 차리니 혼자 고민할 일이 아니었다. 처음 시작도 마을 분들과 머리를 맞대고 했으니 지금의 위기도 함께 지혜를 모아야겠다고 생각했다.

행사 3일 전, 마을과 학교 관계자들을 급히 소집했다. 참석한 어르신들도 근심 걱정 가득한 얼굴로 한숨을 내쉬며 좋은 방법을 찾아보자고 위로하셨다. 현재 상황의 심각성에 모두 공감하면서도 걱정하는 모습이 역력했다. 회의가 시작되었다. 행사 당일 태풍이 공주 지역을 관통하리라는 예보는 모두가 알고 있었고, 행사를 강행할 것인지 취소 또는 연기할 것인지를 먼저 결정해야 했다. "어떻게 준비한 건데 무조건 해야 한다."며 모두가 입을 모았다. 다음은 장소가 문제였다. 야외 장터에 행사장을 설치하려고 모든 업체와 조율이 끝난 상태였다. 그야 취소하면 그만이지만, 강풍과 비를 피해 마을축제를 진행할 수 있는 실내 공간(강당)이 없었다. 다시 공간 문제에서 막혀 버린 것이다. 이때 이장님이 입을 떼셨다.

"교장 선생님, 각 교실이 몇 개나 되지요? 교실 책걸상을 한쪽으로 정리해 체험 부스 공간으로 만들고 특별실도 모두 활용하면 어떨까요? 필요하면 복도도 사용하면 되죠. 오후 공연 발표는 좁지만 다목적실[4]에서 해야겠지요. 자리가 없으면 서서라도 봐야죠."

먹을거리를 담당한 학부모회장님도 말문을 열었다.

"손님들이 현관으로 입장하면 방명록을 적게 하고 쿠폰을 나누어 드리면 되지 않을까요? 식당 사장님께 음식을 준비해 오도록 하고 급식실을 임시 식당으로 운영하면 좋겠어요."

학생회장도 의견을 냈다.

"바자회 물품이 생각보다 많이 들어왔어요. 물품을 진열하고 손님들이 충분히 구경하게 하려면 도서관처럼 넓은 공간이 필요해요."

마사토 운동장이 질퍽대 주차할 수 없다며 교회 주차장, 경천초등학교 주차장, 농협 주차장으로 안내하겠다는 운영위원장님의 말씀도 이어졌다. '백지장도 맞들면 낫다'라는 말이 맞았다. 여럿이 모여 머리를 맞대고 고민하니 태풍 따위는 큰 문제가 되지 않았다.

행사 당일, 예상대로 감당하기 어려운 강풍과 큰비가 내렸다. 우리 모두는 준비된 시나리오대로 움직였다. 하늘도 감동했는지, 오후 공연 발표회 시간이 되자 비가 그치기 시작했다. 악천후 속에서도 예상보다 많은 사람이 다녀갔다. 준비한 400그릇의 국밥이 모자라 추가로 음식을 주문했다. 선물과 기념품을 담은 에코백 500개도 부족했다.

---

4) 교실 2칸과 복도를 터서 만든 실내 행사장. 약 170㎡(약 50평) 넓이의 공간. 지금은 '온 마을 교육장'으로 활용한다.

일기가 고르지 못한 가운데 지역구 국회의원과 도의원, 시의원, 관내 초·중·고등학교 교장 선생님께서 찾아주시고 축하하며 격려해 주셨다. 무엇보다 작은 마을에서 처음 보는 얼굴이 이토록 많았는지! 입소문으로 듣고 찾아온 사람도 많았다. 내 눈을 의심할 정도로 많은 사람이 모였다. 그들에게 학교 문턱이 결코 높지 않다는 사실을 알려준 행사였다. 또 언제든

1. 계룡면 기관장님들이 운영에 나선 체험 부스 2. 전통놀이 체험 부스
3. 학생회가 주관하는 먹거리 부스 4. 자유학기제 교육활동 결과물 전시 5. 어린이집 원아 공연
6. 교장 연수 동기 성악가 부부 초청 공연

학교는 마을과 손잡고 아이들을 함께 키울 준비가 되어 있다는 것을 보여준 시간이었다.

지금 생각해 보니 당시만큼 학교 구석구석과 이모저모를 마을주민과 예비 학부모에게 보여드릴 기회가 다시 오긴 힘들 것 같다. 학교를 다녀간 분들이 학교를 이해하는 데 큰 도움이 되었다며 자녀를 학교로 보내기 시작했다. 마을의 지혜로 위기를 기회로 만들었다.

온 마을 발표회가 끝난 뒤, 이번 행사를 무사히 치를 수 있었던 것에 감사하는 마음을 담아 정중한 편지를 보내드렸다. 계룡면에 재학 중인 유, 초, 중학생, 각종 기관 및 단체, 이장단, 재능 있는 마을주민 등의 참여로 20개의 체험 부스와 15개의 공연 프로그램을 준비할 수 있었음에, 특히 1부 체험 부스에 재능기부로 도움을 주신 기관·단체, 마을교사, 학부모회 임원님들께 깊이 감사드렸다. 2부 공연 발표회에서 사랑스런 자녀들이 맘껏 재능을 펼칠 수 있도록 응원해 주신 초-중학교 학부모님들과 자발적으로 참여해 주신 마을주민께도 감사의 마음을 전했다. 학생 한 명 한 명이 주인공인 경천중학교는 삶을 배우는 행복한 교육을 위해 최선을 다하고 있음을 거듭 다짐하며….

스토리가 있는
벽화거리

학교 옆 '불편한' 골목길

학교가 있는 경천마을은 계룡면에서도 변두리 지역이다. 면 소재지로 공주 최대의 장터가 열리고 사람의 왕래가 많던 시절은 추억 속에서나 찾아볼 수 있다. 초등학교와 중학교가 한 지역에 있지만 젊은 사람은 찾기 힘들고, 아이 울음소리도 끊긴 지 오래다. 촌락에 빈집이 늘고 마을은 활력을 잃어갔다.

경천마을은 예부터 학교를 중심으로 촌락이 형성돼 있었다. 교문을 나서면 바로 옆에 동네로 들어가는 골목이 보인다. 거우 차 한 대 다닐 정도의 좁은 골목이다. 그렇다고 걱정할 필요가 없는 것이, 차는커녕 사람이 걸어 다니는 모습도 보기 드물기 때문이다. 교장으로 부임한 후 시간을 내 마을 구석구석을 도보로 다닌 적이 있다. 학교를 나와 골목을 걸어 동네로 들어가자 생각보다 많은 집이 보였다. 대부분 시골에서 볼 법한 집들이지만 군데군데 이 빠진 것처럼 폐가도 보였다. 집집을 잇는 골목과 담벼락은 지지분하고 어두워 오래 걷기 불편했다.

　학교는 운동장에 천연잔디를 깔고, 진입로를 포장하고, 건물 외벽에 산뜻하게 새 단장을 했다. 학교를 '외딴 섬'이라고 부르는 까닭을 알았다. 마을과 담을 두르고 '교육은 우리 몫'이니 참견하지 말라며 '외딴 섬'을 자처하는 건 근대교육의 고질병이었다. 앞에서도 논의한 바 있는 그 이야기를 하자는 게 아니다. 학교는 보기에 고급스럽고 호화로운데 한 걸음만 나서면 '불편한' 골목길이 시작된다는 사실을 말하려는 것이다. 차로 출퇴근하며 교문을 지나기는 했어도 걸어서 동네 구석구석을 다녀본 적은 거의 없었다. 학교 외관에 가려진 마을의 실제 모습을 궁금해하지 않았다는 게 부끄러웠다. 어쩌면 그런 마음으로 경천 아이들을 가르쳐 왔는지도 모른다. 어느 시골 초등학교 학생의 일기라고 소개된 내용이 생각났다.

　　담임선생님은 외계인이다. 멋진 외제 차를 타고 슝~ 오셔서 수업 내내 알 수 없는 말을 하신다. 분명 수업인데 난 무슨 말인지 모르겠다. 그리곤 4시 30분이 되면 다시 그 멋진 차를 타고 어디론가 사라지신다.

　아이들의 삶 속으로 온전히 들어가지 않고, 아이들의 눈높이에 맞추지 않으면 이런 일이 생긴다. 이제라도 아이와 마을을 둘러보고 무언가 해야 한다. 외계인 교장 선생님이 되지 않으려면 말이다.

벽화거리를 구상하다

발길이 끊기고 인적이 드문 골목을 어떻게 하면 발길이 머무는 곳으로 만들 수 있을까? 벽화가 좋겠다. 마을교육공동체를 구상하면서 학교 너머의 마을 환경에 대해 생각하게 되었다. 학교와 마을 사이 조형물 설치도 생각해 보았지만 비용이 많이 들고 절차도 복잡했다. 그래서 마을에서 작은 갤러리를 운영하는 분을 찾아가 벽화에 대해 조언을 구했다.

"하지 마세요. 벽화는 공해(公害)예요. 아무리 예쁜 벽화도 2~3년만 지나면 흉물로 변해요. 덧칠하면서 지속적으로 관리할 게 아니라면 하지 마세요."

'공해'라니! 그의 말은 충격이었다.

"마을 골목을 벽화거리로 예쁘게 만들고 싶어요. 다른 방법은 없을까요?"

그의 단호한 만류에도 나는 다시 물었다.

"타일 위에 그림을 그리고 유약을 발라 소성(燒成)[5] 해서 벽에 붙이는 방법이 있어요. 그런데 타일이 많이 필요하니 비용이 들고, 또 그림을 연결해서 그리는 게 쉽지는 않죠. 타일 무게가 있어서 견고하게 잘 붙이지 않으면 시간이 지나면서 떨어지는 경우도 있어요."

비용과 시간이 많이 들지만 최소한 '공해'가 되지 않는 방법을 알려준 셈이다. 마을교사로 와서 벽화 작업을 진행해 줄 수 있는지 물었지만, 이번에도 단호히 거절했다.

"제안은 감사하지만, 제가 갤러리를 운영하며 작업하는 게 있어서 자리를 비우기가 어려워요."

하지만 괜찮다. 적어도 하나는 건졌으니.

학교 미술 선생님께 벽화 작업에 대한 부담을 드리고 싶지 않았다. 그

---

[5] 가마에서 벽돌 따위를 구워 만듦.(출처: 네이버 어학사전)

벽화거리 5년 계획
1년 차(━), 2년 차(━), 3년 차(● ● ●), 4년 차( ), 5년 차(━)

런 이유로 지역 예술가를 마을교사로 위촉하려 했지만 상황이 녹록지 않
았다. 상황을 이해한다며 미술 선생님이 벽화거리를 구상해보겠다고 나섰
다. 나는 미술 선생님과 동네로 나왔다. 골목을 한 바퀴 돌면서 벽화거리
중장기 계획을 논의했다. 골목 진입 순서대로 5개 구간을 나눠 5년 동안
벽화거리를 완성하는 목표를 세웠다. 그 이상의 시간이 걸릴지도 모르는
일이었다.

벽화 동아리와 시작한 벽화거리 만들기

2018년 늦은 봄, 미술에 재능 있는 친구들을 모아 벽화 동아리를 만
들었다. '스토리가 있는 벽화거리'를 주제로 활동을 시작했다. 우선 골목의
첫 집을 방문했다. 담장에 예쁜 벽화 타일을 붙일 수 있도록 허락을 구했
다. 흔쾌히 허락을 받고 그 집만의 '스토리'를 담기 위해 이야기를 청해 들
었다. 지체 장애가 있는 50대 후반의 미혼 남성이 연로한 어머니를 홀로 모

시고 어렵게 생계를 꾸려가고 있었다. 벽화 동아리는 '남자 심청전' 이야기를 그려 벽화로 붙이기로 했다. 가로, 세로 25cm인 직사각형 타일 36장을 한데 모아 밑그림을 그리고 협동화 작업을 했다. 하지만 길이 10m가 넘는 담장을 타일로 채우는 게 생각보다 쉽지 않았다. 미술 교사는 담장의 길이를 고려해 공간을 나누어 타일 작업을 추가 진행했다. 아이들이 꿈꾸는 마을의 미래 모습을 36장의 타일을 연결해 지도로 완성했다. 또 공주와 계룡면의 역사와 문화를 이미지로 담은 수십 장의 타일을 그렸다. 1학기를 마칠 무렵 약 200장의 타일이 완성되었다.

하지만 저 많은 타일을 언제, 누가 다 그릴 수 있을까? 미술 시간에 다른 수업은 안 하고 학생들에게 타일만 그리게 할 수는 없다. 그리고 빠듯하게 편성된 방과후 수업 때문에 벽화 동아리도 제한적인 활동을 할 수밖에 없었다. 벽화거리 첫해, 잘해보고 싶었다. 공주대학교 미술교육과 이 교수님께 연락해 도움을 청했다.

"의미 있는 일 하시는데, 당연히 도와드려야죠! 잘 됐습니다. 사범대 학생 교육봉사 시간이 필요하니 제자들을 보내드릴게요. 미리 협의하셔서 수업이든 방과후든 주말이든 필요한 시간에 활용하세요."

미술교육과 학생 6명이 찾아와 벽화 동아리와 아이디어 회의를 하고 타일을 그리기 시작했다. 벽화 동아리는 매주 월요일 3시간 동안 활동했다. 미술 선생님 혼자 어렵게 끌어가던 시간이었다. 미술교육과 학생들이 참여하자 순식간에 완성된 타일이 쌓이기 시작했다. 이들은 예비 교사라서 인성과 지도 능력이 탁월했다. 무엇보다 고급인력을 '교육봉사'라는 이름으로 지원받을 수 있다는 게 감사한 일이었다.

무더위가 기승을 부리기 시작한 6월 말, 소성을 마친 타일 200장을 붙이기로 했다. 미술 선생님은 벽화 작업이 오래 걸린다며 토요일과 일요일에 걸쳐 진행하겠다고 했다. 선뜻 주말을 반납하겠다는 말에 미안한 마음과 고마운 마음이 동시에 들었다. 이날 벽화 동아리 7명, 추가로 희망하는 학생 6명, 관심 있는 학부모 3명, 그리고 공주대학교 미술교육과 학생 8명이 참여했다. 대학생 중에는 벽화 작업을 경험해 본 학생들도 있었다.

학교 미술실에서 무거운 타일을 차에 실어 깨지지 않게 조심하며 골목으로 옮겼다. 10m가 넘는 긴 담을 청량감 넘치는 푸른색 페인트로 칠했다. 대학생 교육봉사자들이 먼저 벽을 칠하고 타일 붙이는 시범을 보여주었다. 아이들은 스펀지 같은 흡수력으로 따라 하며 재밌어했다. 나도 돕고 싶었지만 형편없는 미술 재능을 타고난 게 원망스러웠다. 나는 소위 '똥손'이라 덧칠만 한번 해도 망치기 일쑤였다. 토요일과 일요일 모두 나와 도왔

스토리가 있는 벽화거리 만들기 1 허름한 담장에 기초작업을 하는 미대생과 아이들
2 담장에 붙이기 전에 주제별로 벽화 타일을 구분하는 모습
3 담장 주인의 스토리를 담은 벽화 타일 붙이기 4 1년 차 작업을 마치고 기념촬영

지만, 힘쓰는 거 외에는 딱히 도울 수 있는 게 없었다. 대신 맛있는 점심을 사 주고 시원한 음료와 아이스크림이 떨어지지 않게 했다.

주말인데 학교 앞 도로에 차량 이동이 많았다. 마트와 농협(ATM)이 있어서 그런지 생각보다 지나가는 사람도 많이 보였다. 수십 년간 변화 없는 마을의 모습에 익숙해진 주민들에게 벽화 붙이는 일이 마냥 신기해 보이는 듯했다. 그냥 지나치는 차가 없고 지나가는 사람이 없었다. 창문을 내려 뭐 하는 거냐고 묻기도 하고, 자기 집 담에 붙여달라는 사람도 있었다. 뙤약볕 아래 한참을 구경하다 가는 사람도 있었다. 벽화 작업을 하는 이들은 지켜보는 사람들이 많아 힘이 났는지, 땀으로 등이 다 젖었는데도 아랑곳하지 않고 타일 붙이는 작업에 몰두했다.

넓은 담장이 하나둘씩 타일로 채워져 가는 감격스러운 장면은 직접 본 사람만 안다. 어떤 말로도 다 표현할 수 없다. 벽화거리 1년 차 작업을 성공리에 마쳤다.

벽화거리 만들기 2년 차

다음 해 벽화 작업을 위해 수시로 타일에 그림을 그리고 모아 둬야 한다. 벽화 동아리만 의지하면 나중에 타일이 부족해 충분한 작업을 할 수 없을지도 모른다는 생각이 들었다. 그래서 학교 행사에 손님을 초청하는 기회가 있을 때마다 타일을 꺼내 놓고 글씨, 그림, 사자성어, 응원 구호 등 되는 대로 부탁드렸다. 대표적인 예로 2018년 10월 개최한 온 마을 발표회를 들 수 있다. 행사에 다녀간 약 500명의 내빈과 주민 가운데 100명 가까이 되는 분들이 타일 그리기에 참여했다. 타일 3~4장을 붙여 학교 응원 메시지를 적어주신 분, 평소 자신의 철학을 담은 사자성어를 한자로 적어주신 분, 귀엽고 깜찍한 그림을 그려주신 분, 마을교육공동체 활성화를 지지하는 문구를 적어주신 분 등 다양한 벽화 자료가 모이게 되었다. 남은 건 벽화 동아리 몫이었다. 타일을 한 장 한 장 꺼내 여백에 어울리는 이미지나 배경을 그려 완성했다. 1차 벽화 작업 후 2018년 2학기부터 2019년 1학기까지 1년 동안 모아 소성을 마친 벽화 타일이 다시 200장이 넘었다.

5년 이상 중장기 목표로 벽화 작업을 해야 했다. 2년 차 작업을 앞두고 다른 욕심이 생겼다. 벽화거리 입구를 알리는 입간판도 좋고, 어떤 모양이든 표시를 하고 싶었다. 그때 골목 초입에 있는 농협의 작은 담장이 눈에 띄었다. 평평하고 작은 마당과 연결돼 있어 눈에 잘 들어왔다. 조합장님의 허락을 받아 벽화거리를 홍보하는 데 활용하기로 했다. '저기에 무엇을 붙여야 할까?' 오랜 시간 생각했다. 입간판 역할인지라 신중하게 결정해야 했다. 작년에 학부모 평생학습으로 배운 캘리그래피! 작년 수업에 참여한 마을도서관 운영위원과 학부모를 학교로 오시게 했다.

"벽화거리 2년 차 작업을 앞두고 있어요. 올해는 벽화거리의 입구를 알리는 일종의 입간판 같은 표시를 하고자 해요."

그런데 왜 자기를 불렀는지 궁금하다는 눈빛으로 쳐다보았다.

"작년에 배운 캘리그래피(calligraphy, 글씨나 글자를 아름답게 쓰는 기술) 실력을 발휘해 주세요. 시간이 좀 흘렀으니 연습이 필요하시면 강사를 다시 불러드리겠습니다. 타일 한 장에 한 글자씩 써서 농협 담장에 붙일 거예요. 어떤 문구를 쓸지는 같이 고민해 보시죠."

기다리기라도 했다는 듯, 강사를 섭외하고 시간을 정해 바로 연습에 들어갔다. 마을교육공동체 철학을 담아 '학교와 마을이 손잡고 아이들의 꿈을 품다'로 문구를 정했다. 6명이 모여 어절 단위로 글자 쓰기 연습을 했다. 적게는 두 글자에서 많게는 네 글자까지도 써야 했다. 별것 아니라고

생각할지 모르겠다. 그러나 골목 어귀 눈에 잘 띄는 담장에 내가 쓴 글씨
를 오가는 모든 사람이 본다면, 그래도 별것 아니라고 할 텐가?

벽화 작업을 하는 날이었다. 주말을 반납하고 진행하는 일정이었다.
작년처럼 무더위와의 싸움이 힘거웠다. 타일과 재료를 펼쳐 놓고 작업을
준비했다. 올해는 목원대학교 미술교육과 학생 6명이 교육봉사로 참여하기
로 했다. 벽화 동아리와 봉사활동을 희망하는 학생, 그리고 캘리그래피 글
씨로 참여한 학부모 몇 분이 더 오셨다. 한번 경험이 있어서인지 올해는 작
업 속도가 조금 빠르고 일이 수월하게 느껴졌다. 타일도 붙이지만 구석구
석 그림도 그려 넣었다. 올해 작업은 작년보다 아기자기한 맛이 있다. 준비
한 200장의 타일을 모두 붙이고 농협 담장으로 이동해 학부모가 쓴 글씨

벽화거리 만들기 2년 차 작업 1. 학생, 학부모, 주민이 캘리그래피로 쓴 문구. 벽화거리의 입구임을 알려준다. 2.
청량한 색으로 담장을 칠하는 아이들 3. 협동화로 그린 벽화 타일과 아기자기한 그림
4. 벽화거리 입구를 알리는 작업을 마치고 기념촬영

를 하나씩 이어 붙였다. 멋지고 감동스럽다. 누가 봐도 학교와 마을이 손잡고 한 아이 한 아이의 꿈을 응원하는 동네라는 사실을 알 수 있게 되었다. 2년 차 벽화거리를 완성하는 순간이었다.

같은 방식으로 2019년 2학기부터 학교 행사, 벽화 동아리를 활용해 그림과 글씨를 쓴 타일을 모으고 있다. 예정대로라면 2020년 6월경 3년 차 벽화거리 작업을 해야 했다. 하지만 지금은 코로나 시국이다. 정규 교육활동마저 위협받는 매우 엄중한 상황이다. 안타깝지만 다시 모아진 200장가량의 소성을 마친 타일과 잠시 이별해야 한다.

경천마을
소소마켓

희망이 움트는 아쉬움

2018년 온 마을 발표회가 열렸을 때 학생회가 바자회를 주관했다. 이때 학부모회에서 학생회 임원과 함께 바자회 물품을 팔았다. 이뿐 아니라 학부모회는 소비자를 고려한 합리적인 물품 가격을 책정하고, 소비심리 자극을 위한 전시를 하고, 묶음 판매와 '덤'으로 퍼주는 물품을 정해주기도 했다. 학생 경제교육을 겸한 중요한 역할이었다. 또한, 무료 차(茶) 서비스와 재능기부로 체험활동 부스를 운영한 학부모도 있었다. 그날의 여운이 남아서였을까, 고생하신 학부모님을 초대해 식사하는 자리에서 "온 마을 발표회를 매년 개최하면 좋겠어요."라는 목소리가 들려왔다. 작은학교 교육과정 운영상 3년 주기로 축제, 수학여행, 수련활동을 순환해야 한다고 설명했다.

"그럼 소규모 형태의 축제는 어때요?"

한 학부모의 아쉬움 섞인 질문이지만 기대하는 눈빛이었다.

"학부모와 주민께서 지금보다 더 주도적인 역할을 하실 수 있다면, 학교도 교육과정을 연계할 수 있도록 적극 협의해 보겠습니다."

기대에 부응하는 대답이었는지 모르겠다. 나는 마을축제를 주민이 직접 주도하길 바란다는 의도였다.

소소한 나눔과 버스킹이 있는 '경천마을 소소마켓'

2019년은 마을교육과정과 마을도서관 운영 모두 진일보한 해로 기억된다. 학부모와 주민의 자발성과 주체성, 학습 욕구와 참여도가 한결 높아져 있음을 실감할 수 있었다. 학교장으로서 학교와 마을 간의 교육과정을 어떻게 구체적으로 연계하면 좋을지 깊이 고민하던 차였다. 그렇게 두 집단이 마을을 연결고리로 의견을 주고받으며 협의해 가는 가운데 '경천마을 소소마켓'이라는 교집합 지점에서 만나게 되었다.

나는 다음 세 가지 명분을 가지고 접근했다. 첫째, 재능을 기부하며 보람을 찾았던 '온 마을 발표회'에 대한 여운과 새로운 도전으로 시작하자. 둘째, 개관한 지 얼마 안 되는 마을도서관을 홍보하는 기회로 삼자. 셋째, 지리적으로 논산의 상월면에 가까워 계룡면 내에서도 존재감이 없는 경천마을을 사람들이 찾아오게 만들자. 학교와 마을이 아이들을 함께 키우고 있다는 걸 보여주자. 선물로 나눠 준 책『로컬에듀(Local Edu)』[6]를 읽고 온 한 학부모가 네 번째 명분을 만들어 주셨다.

"로컬푸드도 활성화되는데, 로컬에듀라고 못할 게 뭐 있어요!"

'경천마을 소소마켓'은 학교 교육과정과 연계해 학교 주도로 기획하고

---

6) 추창훈, 『로컬에듀』, 에듀니티, 2017.

경천마을 소소마켓 운영 계획안(왼쪽)과 경천마을 소소마켓 초대장(오른쪽)

실행되었다. 하지만 앞서 제안했듯이 소규모 형태의 축제를 원하는 학부모와 주민들의 적극적인 참여와 협력을 전제로 했다. 여러 차례 모여 의논하면서 5월 마지막 주 토요일에 마을도서관 앞마당에 행사장을 꾸미기로 했다. 행사는 바자회 형식의 '소소마켓'과 나눔이 있는 '버스킹'(busking, 사람들이 많이 다니는 길거리에서 여는 공연)의 두 파트로 정했다. '소소마켓'은 먹을거리, 전시, 체험 부스로 구성했다. 학부모가 만든 수제 딸기잼, 레몬청이 등장했다. 총동창회장님이 협찬해 준 석갈비 100인분과 어묵도 있었다. 학생들이 직접 만드는 솜사탕과 팝콘이 먹거리 부스를 풍성하게 채웠다. 상반기 평생학습 프로그램에서 배운 캘리그래피, 석고방향제, 목공예품을 전시하고 일부는 판매하기도 했다. 귀농·귀촌한 주민이 다육식물을 심어주는 부스도 있었다. 미술 선생님은 석고방향제 만들기를 맡고, 초등학교 학부모 한 분은 초콜릿 토핑 체험을 맡아주셨다. 마을도서관 실내에서 무료 도서드

1 소소마켓 야외 공연장과 부스 공간
2 경천중 통기타 동아리의 버스킹 공연
3 수제 방향제를 판매하는 학부모
4 다육 심기 체험 부스를 운영하는 귀농·귀촌 주민
5 공주대학교 그룹사운드 동아리 공연

림, 바자회, 소소한 체험활동이 진행되었다.

바자회, 먹을거리, 체험활동이 이루어지는 동안 앞마당의 작은 공연장
에서 버스킹이 시작되었다. 초등학생 ~ 대학생, 주민에 이르는 신청자들이
버스킹을 준비했다. 초·중학교 학생들은 춤, 노래, 밴드 연주 등으로 동아
리활동에서 배운 실력을 뽐냈다. '공연 갈증'이 있다며 찾아온 대학생들은
수준급의 노래와 그룹사운드 연주를 들려주었다. 간이 무대를 만드느라

애쓰신 목공 선생님은 색소폰을 연주하며 숨겼던 끼를 보여주셨다. 아침부터 흘러나온 악기 튜닝(tuning) 소리와 아이들의 웃음소리가 고요한 시골 마을의 적막을 깼다. 현장을 찾은 사람들의 웅성거림과 박수 소리가 시골 마을의 토요일을 활기차게 만들었다. 공연장 의자에는 한껏 기대에 찬 얼굴로 어르신들이 아침 일찍부터 자리를 잡고 앉아 계셨다. 6월의 문턱, 조금 이르게 찾아온 더위 속에서도 300명 가까운 사람을 만났다. 누구도 말하지 않지만 다들 이런 시간이 그리웠나 보다. 커브길 도로가 위험하다며 하루 종일 교통안전 봉사로 수고한 자율방범대원의 구슬땀이 더욱 값진 하루였다.

마을 담은
교과 교육과정

교사에게 마을수업이란?

본격적인 마을교육을 제안했던 2017년 12월 겨울이 생각난다. 나는 교육의 경계를 뛰어넘자는 도전을 외쳤지만, 교직원들은 두려움과 부담에 찬 표정이었다. '학교 안에 황토 찜질방을 만들어 주말에 주민이 사용한다더라', '마을주민과 아이들이 함께 모내기하고 벼를 수확하여 떡을 만들어 먹는다더라'… 누군가로부터 전해 듣는 출처 모를 '카더라' 통신이 그들의 마음을 더 움츠리게 한 것 같았다. '퇴근 후와 주말에 학교 관리는 누가 하지?', '생태교육도 좋지만 과한 노작교육은 글쎄…', '마을교사에게 내 수업권을 내주어야 하나?'라는 생각에 마음이 내키지 않았을 수도 있다. 이미 몇 차례 워크숍과 연수를 했지만, 교직원에게 마음의 각오를 다질 시간이 조금 더 필요해 보였다.

지금 우리 교육은 공부에 재능이 있는 아이들을 대한민국 인구의 절반이 살고 있는 수도권 대학으로 보내고 있다. 졸업 후 서울에서 취직해 서울시민이 되는 것을 아무렇지 않게 여긴다. 오히려 자랑스럽게 현수막을 붙여 'OO대학교 합격'이라고 자랑하는 웃지 못할 일도 보게 된다. 교육이 성공을 위한 전제나 수단이 되어서는 안 된다. 나는 교육의 가치는 학생들이 삶을 배우고 살아가는 지혜를 깨닫는 것에 있다고 믿는다. 학생과 학부모가 희망하는 수도권 대학에 합격했다면 축하할 일이다. 특수한 직업 분야로 진출하는 소수 직업군의 학생은 논외로 하자. 서울에서 공부하더라도 졸업 후 마을로 돌아와 지속 가능한 지역 발전에 보탬이 되는 인재가 되도록 장려해야 한다. 인구절벽, 코로나 이후 세상을 운운하면서 지역 균형 발전을 말로만 외칠 것이 아니다. 교육에서 먼저 실천해야 한다. 일류 기업에 입사하거나 서울시민이 되는 것이 공부의 목표가 되어서야 되겠는가!

> 학교에서 교육은 삶을 위한 것이어야 하고, 교육은 문자가 아닌 삶을 통해 이루어져야 하며, 그런 교육으로 삶이 진정 살아있는 것으로 거듭나야 한다. 즉 '삶의 계몽'을 위한 교육이며, 이것이 교육의 목적이어야 한다. _그룬트비, 『School for Life』(2003)

덴마크의 신학자이자 저술가로 활동하면서 대중교육이 덴마크에서 자리 잡도록 힘쓴 그룬트비의 교육사상이 고스란히 담겨 있는 말이다. 삶과 연결된 수업의 목적과 필요성을 설명하기에 이보다 적절한 말은 없는 것 같다. 앞에서 말한 '황토 찜질방', '모내기'식 교육이 마을교육의 전부가 아님을 깨닫고, 교직원 모두가 '삶을 배우는 수업'을 공감하고 마을 교육으로 한 발 다가서기를 기대했다.

교사는 수업 전문가다. 예술가가 예술로 말하는 것처럼, 교사는 수업으로 말한다. 내가 추구하는 마을 수업은 거창한 무언가가 아니라 실천이

따르는 수업을 의미한다. 그래서 선생님들께 마을을 주제로 수업을 재구성할 것을 권고했다. 학생 자신이 살고 있는 마을이 수업의 주제로 등장하도록 말이다. 수업에서 배운 공식, 이론, 현상, 지식이 학생의 삶과 연결되고 있다는 걸 보여주길 바랐다. 마을 관련 단원을 교사 간 공유하고 융합하여 수업을 재구성하는 단계까지 발전하면 좋겠다.

　　2018년부터 시작한 '삶을 배우는 수업'은 학생들이 학교에서 배운 내용을 삶에서 체험하고 활용할 수 있는 실천적 지식을 기르는 것에 초점을 맞추고 있다. 즉, 학교와 마을을 학습 플랫폼으로 활용하는 지역화된 교육과정(김용련, 2018)을 말한다. 구체적으로는 마을 연계 교과 교육과정이다. '마을에 관한, 마을을 통한, 마을을 위한'[7](오혁진, 2006; 김용련 외, 2015; 서용선 외, 2016) 수업을 통해 구체화했다.

삶을 배우는 수업(유형별)

　　마을수업은 자유학년인 1학년을 주 대상으로 한다. 연계학기를 운영하는 2학년과 자유학년과 연계학기를 모두 경험한 3학년을 대상으로 하는 수업도 있다. 선택교과인 환경 수업은 초등학생과 마을주민을 대상으로 진행하기도 한다. 교과별로 대상, 시기, 단원, 수업 주제를 정하여 마을 속으로 들어가기 시작했다.

　　아래 표에 제시된 수업 재구성은 전체 교과를 포함하지는 않는다. 8명의 본교 교사와 타학교에서 순회수업[8]을 지원하는 4명의 교사가 교과를 가르치고 있다. 마을 연계 수업은 본교 교사 중에서도 자발적인 참여로 진행하고 있다. 전 교사가 참여하고 있지만 비공개를 희망한 경우 표에 담지 않았다.

교사가 재구성한 수업을 앞서 말한 세 가지 마을교육 유형(마을에 관한, 통한, 위한 수업)으로 정리했다. 유형별로 한 가지씩 수업 운영 사례를 요약했다. 표에 담긴 내용을 자세히 살펴보면 마을 연계 교과 수업을 어떻게 진행했는지 알 수 있다.

마을을 위한 교육과정 재구성과 수업 사례

순	교과	학년	시기	단원명	마을수업 주제
1	국어	1	6월	3. 언어랑 국어랑 놀자	우리 마을의 지명 유래 알아보기
2	영어	1	4월	Lesson 2. Have Fun at School	우리 마을 영어단어장 만들기
3	수학	1	2학기	Ⅵ. 통계 1. 자료의 정리와 해석	계룡면 행정구역별 가구 수 조사 및 자료 표현
4	역사1	2	10월	2. 삼국의 발전과 가야	백제 유적지 탐방으로 배우는 지역 역사
5	과학	2	7월	4. 식물과 에너지	우리 마을 생태자원 신문 만들기
6	미술	3	5월	8. 정보를 전달하는 디자인	마을을 상징하는 마스코트 및 캐릭터 만들기

교과(융합)	학년	단원(성취기준)	주제(내용)
국어	1	언어랑 국어랑 놀자[9국03-03,05]	우리 마을 지명의 유래와 마을언어
삶을 위한 수업 (수업설계 의도)		내가 살고 있는 마을을 소개하는 짧은 글을 작성한다. 동네 지명의 유래를 부모님(지역 어른)과 확인하여 설명한다. 지역 사투리(방언)를 조사하여 기성세대와의 언어 간극을 이해하고 존중한다. 나아가 청소년 언어순화에도 기여하는 수업이 되고자 한다.('마을에 관한 수업'과 '마을을 통한 수업'을 연속 진행.)	
수업 후 느낀 점 (수업교사)		아이들이 자기가 사는 지역 이름의 뜻과 지명의 유래를 조사하며 자기 동네는 물론 친구가 사는 마을에 대해서도 알게 되면서 친해지는 기회가 되었다. 특히 (조)부모, 마을 어른께서 사용하는 언어에 대해 이해하고 존중하는 계기가 되었다. 후속 활동으로 청소년의 언어순화와 한글의 위대함을 깨닫는 수업활동을 통해 아이들이 바른 언어를 사용하는 문화로 이어지기를 기대한다.	

---

7) 마을에 관한 교육: 학생이 살고 있는 마을에 대해 배우는 것. 마을의 역사, 자연, 문화, 환경 등에 관한 학습을 통해 마을의 일원으로서 가치관과 생활방식 공유.

마을을 통한 교육: 지역의 인적, 문화적, 환경적, 역사적 인프라를 적극적으로 활용해 이루어지는 학습. 학생들은 마을의 교육인프라와 마을(인적·물적) 자원을 통해 배움을 실천.

마을을 위한 교육: 마을 구성원으로서 마을의 현안 문제를 찾고, 이를 해결하기 위한 도전과 실천의 학습 과정을 통해 성장하는 교육.

8) 교육부의 교사 배치 기준에 따라 소규모 학교는 전교과 교사가 배치되지 않는데, 학생의 학습권과 교육과정 정상화를 위해 지역 내 학교 간 교과 교사가 상호 순회 지원하는 제도.

1. 내가 사는 마을 소개 지도 2. 우리 마을 지명의 유래
3. 우리 마을 방언 조사 4. 모둠별 발표를 준비하는 아이들

마을을 통한 교육과정 재구성과 수업 사례

순	교과	학년	시기	단원명	마을수업 주제
1	국어	1	6월	3. 언어랑 국어랑 놀자	우리 마을에서 사용하는 마을언어 비교
2	영어	1	1학기	Lesson 2. Heart to Heart	마을 탐방과 경험 기반 영어 시 창작
3	수학	전교생	방학	4. 수학의 실용성	우리 마을 곳곳에 숨겨진 수학과 그 원리 찾기
4	사회	1	5월	1. 내가 사는 세계	우리 마을을 소개하는 여행상품 만들기
5	과학	1	연중	III. 생물의 다양성	마을교사와 함께하는 생태자원 조사
6	미술	1	9월	2. 이미지와 시각문화 01. 형형색색, 우리를 둘러싸다	형형색색, 우리 동네 협동화 그리기
7	진로	1	6월	II. 일과 직업세계 이해 3. 변화하는 직업세계 이해	마을주민과 소통하며 찾아가는 나의 진로 탐색

교과(융합)	학년	단원(성취기준)	주제(내용)
사회(미술)	1	내가 사는 세계[9사(지리)01-01, 03] 함께 만들어가는 환경[9미01-02]	우리 마을을 소개하는 여행 상품 만들기
삶을 위한 수업 **(수업설계 의도)**	내가 사는 마을의 명소를 둘러보고 특징을 분석하여 마을여행 상품을 기획하고 리플릿으로 제작하여 마을도서관, 면사무소 등 기관에 홍보자료로 비치하여 내가 사는 마을에 대한 자부심과 주인의식을 길러주기 위함.		

수업 후 느낀 점 (학생)	"우리 마을에 역사 깊은 명소와 관광지가 많다는 걸 알게 되어 기뻤고, 그걸 여행 상품으로 만들어 보는 과정에서 친구와 많은 아이디어를 떠올리게 되어 신기했다. 마을 리플릿을 인쇄해서 마을 여러 군데 홍보하여 많은 사람이 우리 지역을 찾으면 좋겠다."

1 마을 명소(계룡산) 알아보기 2 마을여행 상품 아이디어 회의 3 마을여행 패키지 상품 구상
4 마을 여행 상품 소개 리플릿 제작 구상(출처 전주愛오면, https://www.jeonju.go.kr/ebook/www/ebook/feeljeonju/
mobile/index.html#p=1 전주시 의료관광, http://sophiaro.co.kr/theme/basic/medical.pdf)

교과(융합)	학년	단원(성취기준)	주제(내용)
미술(사회)	1	형형색색, 우리를 둘러싸다[9미02-01] 사람이 만든 삶터, 도시 [9사(지리)08-04]	형형색색 우리 동네 협동화
삶을 위한 수업 (수업설계 의도)		미술을 통한 사회참여 활동의 일환으로, 마을의 문제점을 발견하고 미술 기반의 솔루션을 찾아가는 과정에서 협동심을 기르고자 한다. 우리 동네 미래 모습의 꿈을 담은 협동화 벽화 타일을 그리면서 시골마을의 발전을 위해 '내'가 중심에 있다는 자존감과 애향심을 높이고자 한다.	
수업 후 느낀 점 (수업교사)		"첫 토의 때 아이들이 시골에 살고 있다는 일종의 '상실감'이 있어 보였어요. 자신의 꿈을 실현하여 마을의 발전과 미래를 견인할 주인공이 되어 달라는 격려 속에 협동화 작업이 시작되었고, 국가기관부터 유명그룹까지 유치하겠다는 의지를 협동화에 표현하게 되었어요. 꿈은 이루어집니다. 여러분!"	

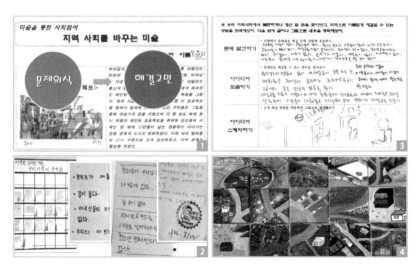

1. 지역을 살리는 미술(문제 발견) 2. 지역을 살리는 미술(토론)
3. 아이디어&솔루션 찾기 4. 협동화 벽화 타일로 표현하기

마을을 위한 교육과정 재구성과 수업 사례

순	교과	학년	시기	단원명	마을수업 주제
1	역사	3	11월	1. 외세의 침략적 접근과 개항	동학농민운동 UCC, 역사신문 제작, 애향심 함양
2	과학	3	11월	III. 생물의 다양성-3. 생물의 분류	우리 마을의 생태자원 홍보 동영상 만들기
3	수학	3	2학기	함수, 수와 연산	우리 마을 휠체어 램프 기울기 지도
4	환경	초등	2학기	5. 신재생에너지	마을을 살리는 신재생에너지 DIY 체험
5	환경	주민	2학기	7. 지역과 환경	마을과 환경이 조화를 이루는 독서
6	미술	1	6월	4. 함께 만들어가는 환경	마을 홍보 팸플릿 제작하기
7	국어	1	6월	3. 언어랑 국어랑 놀자	우리 마을의 고운 우리말 알리기
8	영어	1, 2	2학기	6. Small Things, Big Difference	마을 관광명소 홍보 UCC 제작

교과(융합)	학년	단원(성취기준)	주제(내용)
수학(사회)	3	일차함수와 그래프[9수03-06] 일상생활과 법[9사(일사)05-01]	우리 마을 휠체어 램프 기울기 지도
삶을 위한 수업 (수업설계 의도)	마을 곳곳의 휠체어 램프 기울기를 측정하여 법령을 준수하고 있는지, 장애인을 배려하고 있는지 조사함으로써 실생활 속 수학적 개념을 알아보고 더 나은 세상(마을)을 만들고자 함.		

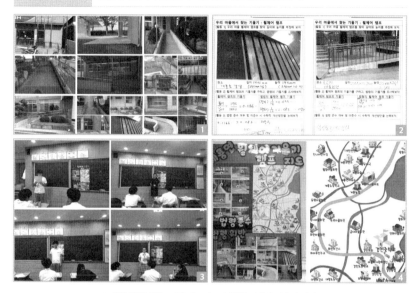

1. 마을 휠체어 램프 기울기 조사 2. 법령을 적용한 기울기 계산
3. 법령 준수 및 위반 사례 발표 4. 마을 휠체어 램프 지도 완성

삶을 배우는 수업(교과별)

교사는 학년별로 연 1회에서 3회에 걸쳐 마을 수업을 했다. 1회 수업이라 하더라도 프로젝트 수업은 최소 2~3차시 수업이 소요됐다. 연간 교과 진도를 고려한다면 마을 수업을 구상하여 적용한 교사의 노력이 가상했다. 1년 단위로 진행한 교과 연계 마을교육과정 운영 현황을 교과별로 모아 정리해 보니 100쪽이 훌쩍 넘는다. 모든 내용을 책에 담을 수 없어 수업 내용을 일부 발췌해 소개하고자 한다.

- 우리 마을 고유어를 찾아서(국어 김○진 신생님)

- 다양한 정보를 담은 우리 마을 관광지도(사회 권○성 선생님)

- 우리 마을 휠체어램프 기울기 지도(수학 조○빈 선생님)

- 마을을 위한 쪽매맞춤 수학 디자인(〃)

- 우리 마을 통계신문 만들기(〃)

- 우리 마을 좌표지도와 순서쌍(〃)

- 우리 마을 농작물 조사(과학 김○엽 선생님)

- 우리 마을 농작물 홍보 디자인 만들기(〃)

- 우리 마을 영어단어장 만들기(영어 천○ 선생님)

- 마을과 함께하는 건강한 여가생활(체육 이○훈 선생님)

- 마을 주민과 함께하는 응급처치(〃)

- 우리 마을 동물 지키기 캠페인(미술 조○아 선생님)

- 우리 마을 지도 만들기(〃)

- 마을 주민과 소통하며 찾아가는 나의 진로탐색(진로와직업 김○수 선생님)

1학년 과학 수업은 총 3차시 수업이다. 「생물의 다양성」 단원에서 마을의 농작물을 조사해 '마을 농작물 지도'를 만들었다. 계룡면의 주요 농특산물은 딸기, 표고버섯, 부추, 밤이다. 재학생 부모의 70% 이상이 농특산물을 재배한다. 그래서 자기 집에서 재배하는 농작물을 조사하는 학생이 많았다. 농작물의 수확 시기, 종류, 효능을 퀴즈와 Q&A로 소개하는 포스터를 만들었다. 결과물을 발표하면서 마을의 농작물을 알고 부모님이 흘린 땀을 감사하게 여기게 되었다.

특히, '진로와 직업' 과목은 다른 교과와 융합하기에 좋은 수업이다. 총 8차시 동안 '마을주민과 소통하며 찾아가는 나의 진로 탐색'하는 2학년

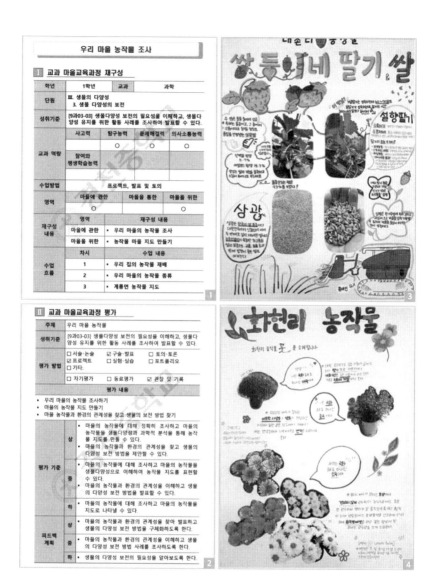

1, 2 과학 마을수업 재구성 3, 4 학생이 만든 우리 집 농작물 소개

수업으로, 융합 또는 연계한 교과가 역사, 미술, 국어로 3과목이나 됐다. 1
차시에 넓게는 공주시, 좁게는 계룡면의 지도에서 직업군을 찾고, 2~5차시

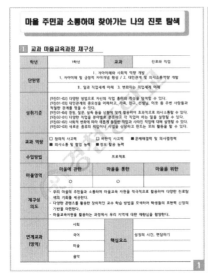
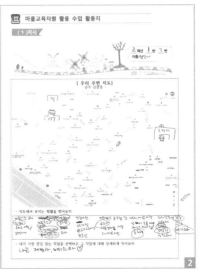

1. 진로와 직업 마을수업 재구성 2. 진로와 직업 마을수업 활동지

마을 어르신과 '그때 그 시절' 인터뷰 내용을 모아 마을신문을 만들었다. 기사문을 쓰고 편집하는 국어 수업은 동학 농민 운동의 역사를 배우는 역사 수업과 연계했다. 마지막 3차시 동안 마을의 직업군과 마을신문을 참고하여 마을의 미래 모습을 협동화로 그렸다. 미술 수업과 융합으로 진행했다. 작은 전시회를 열고 인터뷰를 했던 어르신들을 초대하며 대장정의 수업을 마칠 예정이었으나, 코로나19로 마지막 단계는 생략했다.

수학 교사가 마을교육 업무를 담당하고 있다. 다른 과목 교사에게 마을 수업의 방향과 사례를 안내한다며 다섯 가지 프로젝트를 진행했다. 앞서 '마을 통계 신문 만들기'와 '마을 휠체어 램프 기울기 지도 만들기' 수업 사례를 자세히 소개했다. 그냥 넘어가기에 아쉬워 밀도 있는 수업 한 가지만 더 소개하고자 한다.

1학년 수업으로 총 4차시였다. 수업 주제는 '쪽매맞춤(테셀레이션), 마을

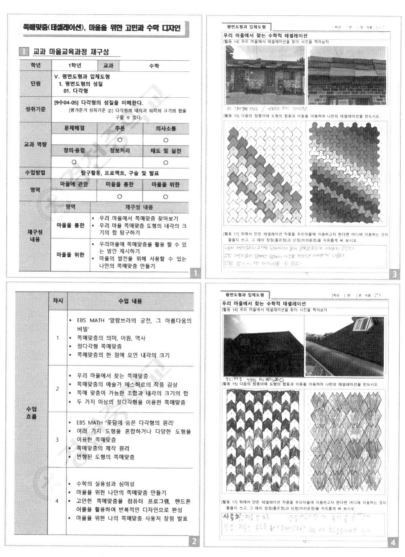

1, 2 수학 마을수업 재구성 3, 4 마을 연계 쪽매맞춤(테셀레이션) 수업 자료

을 위한 고민과 수학 디자인'. 학생들은 교과 내용으로 정다각형 쪽매맞춤
의 의미, 어원, 역사, 원리를 배웠다. EBS MATH '꽃담은 숨은 다각형의 원

리'를 보고, 여러 가지 도형을 혼합하거나 다양한 도형을 이용한 쪽매맞춤 제작 원리를 이어 배웠다. 수학의 실용성과 심미성을 생각하며 '마을을 위한 쪽매맞춤' 디자인을 구상하도록 했다. 컴퓨터 프로그램과 휴대폰 앱을 사용해 고안한 쪽매맞춤 디자인을 완성한 뒤 마을에 어떤 영향을 주는지 발표하며 프로젝트를 마쳤다.

봉사활동으로
꽃피우는 마을

마을과 함께하는 봉사활동

학생 봉사활동은 창의적 체험활동 네 가지 영역 중 한 영역에 속한다. 이는 다시 교육과정 내 봉사활동과 교육과정 외 봉사활동[9]으로 구분할 수 있다. 중학생은 졸업 전까지 총 60시간의 봉사활동을 해야 고입 전형 시 해당 분야 점수를 채우게 된다. 경천중학교는 연간 10시간 내외로 교육 과정 내 봉사활동을 편성하고 있다. 나머지 봉사활동은 재학생이 졸업하기 전에 다른 경로를 통해 자격 요건을 갖추어야 한다. '마을과 함께'를 선언한 학교 봉사활동은 어떻게 운영되어야 할까? '대청소의 날'을 봉사활동으로 운영하는 학교도 있다. 매일 청소하던 자기 교실과 담당구역을 조금 더 꼼꼼하게 청소하는 것을 봉사활동으로 볼 수 있을까? 학생들이 그걸 봉사활동이라고 인식하는 순간 진정한 봉사의 의미는 왜곡될 것이다. 더

---

[9] 나눔포털, 1365, VMS, DOVOL 등 자원봉사 포털과 연계해 학생이 개인적으로 방과후, 주말 등에 하는 봉사활동

군다나 그 왜곡의 시작짐이 학교라면 학교가 교육의 책무를 다하지 못하고 있다는 사실을 명심해야 한다.

나는 '마을과 함께'하는 봉사활동을 고민하면서, 우선 교육과정 내 봉사활동의 모습은 '실천적'이고 '경험적'이어야 한다는 소신으로 접근했다. 업무 담당 부서와 협의하고 학생들의 의견을 들어 실질적인 체험으로 이루어지는 봉사활동 계획을 세우고자 했다.

공주시 자원봉사센터에서는 계룡면 거점센터 코디네이터를 계룡면사무소에 파견하여 근무하도록 하고 있다. 학교에서는 연초 봉사활동 계획을 세울 때면 코디네이터와 협의한다. 학교에서 인정하는 교육과정 내 봉사활동과 자원봉사센터에서 봉사시간을 부여하는 마을 봉사를 구분해 연중 봉사활동 계획을 세운다. 통합교육 봉사활동, 사랑의 카네이션 만들기 등은 교육과정 내 봉사활동으로 인정한다. 마을 김장 나눔, 스토리 벽화 그리기, 소소마켓 봉사활동, 하천을 살리는 EM흙공 만들기 등은 공주시 자원봉사센터에서 직접 봉사시간을 부여한다.

마을 김장 나눔

경천중학교는 10여 년 넘게 '마을 김장 나눔'을 해오고 있다. 농촌학교 텃밭 가꾸기 사업으로 예산을 받아 학교 비닐하우스에서 배추와 무를 기르고, 김장에 필요한 다른 재료들을 구입하여 매년 12월 첫 주 금요일과 토요일에 정기적으로 마을 독거노인에게 나누어 줄 김장을 한다. 이 행사에는 희망하는 교직원, 학생, 학부모가 참여한다. 추운 날씨에 김장을 하는 것만으로도 지칠 만한데, 동네를 돌며 김장김치를 나누어주고 나서야 하루 일정이 끝난다. 다음 날 일어나 보니 아이들은 하루 종일 배추 절이

학생과 교직원이 김장을 담그고(왼쪽), 마을 이웃들과 나누었다(오른쪽).

고 속 넣느라 허리가 끊어질 정도로 아팠다는데, 그래도 김장하던 모습이 담긴 사진을 돌려 보며 보람찬 미소를 짓는다.

사랑의 카네이션

매년 5월이 되면 전교생은 가정의 달을 앞두고 감사와 공경의 뜻을 담아 정성스럽게 카네이션을 만든다. 교내 봉사활동 시간에 학생들이 직접 만든 카네이션이 자그마치 1000개가 넘었다. 마을회관을 찾아가 작은 편지와 함께 할머니, 할아버지 가슴에 카네이션을 달아드렸다. 부모님을 위한 카네이션도 잊지 않고 준비했다. 평소 마음은 있지만 표현할 기회가 없

카네이션을 만들며 즐거워하는 학생들

어서 아쉬웠지만, 부모님과 마을 할머니, 할아버지께 카네이션을 달아드리면서 뿌듯하고 기뻐하는 아이들이 사랑스러웠다. 이렇게 아이들은 웃어른 공경과 이웃사랑을 실천하면서 더불어 사는 사회 시민으로 성장한다.

우리 마을 하천 살리기

2019년부터 매년 가을에는 공주시 자원봉사센터에서 주관하는 '지역 하천 살리기' 환경보호 활동을 학교 봉사활동과 연계했다. 학교에서는 효율적인 시간 운영을 위해 창의적 체험활동과 선택교과인 환경수업을 블록 타임으로 묶었다. 전교생, 교직원, 학부모가 함께 EM흙공[10] 천 개를 만들고 보름 동안 발효시킨 후 인근 계룡저수지에 모두 던졌다. 자원봉사센터 담당자는 EM흙공을 만들기 전에 본 봉사활동의 의미에 대해 "EM흙공을 하천 바닥에 던지면 하천의 수질 개선과 토양복원, 악취제거 등의 효과가 있다."며 자연과 지역을 사랑하는 마음으로 동참해 달라고 당부했다.

EM흙공 던지는 날, 지역구 시의원이 기특한 학생들을 격려하고 싶다며 EM흙공 던지기에 동참했다. 천 개의 EM흙공을 빚는 것은 쉬운 일이 아니었다. 반죽하고 빚고 나르고 말리고… 손이 여간 많이 가는 게 아니다. 흙공을 던지던 날, 천 개의 흙공을 던지는 건 순식간이었다. 하천에 던지면서 "깨끗한 물로 다시 만나자!"라고 외치는 아이들의 뒷모습을 보면서 '세상을 이롭게 하는 지구시민'이라고 칭찬했다. 이렇게 몸과 마음을 담아 실질적인 봉사활동을 하면서 학생들이 마을과 자연을 사랑하는 마음이 한

---

10) 유용미생물군을 일컫는 'Effective Microorganisms'의 약자로, 자연계에 존재하는 수많은 미생물 중 유익한 미생물을 조합, 배양한 성분을 말한다. 'EM흙공'은 수십 종의 유용한 미생물이 들어있는 EM효소 발효액과 질 좋은 황토를 섞어 하천에 던지기 쉬운 주먹 크기의 공 모양으로 만든다.

EM흙공 만들기(왼쪽)와 계룡저수지에 EM흙공을 던지는 모습(오른쪽)

뻠 더 성숙한 것 같다.

벽화거리 만들기, 소소마켓도 봉사활동으로

창의적 체험활동으로 실시되는 봉사활동 외의 시간은 학생이 스스로 봉사활동에 나서야 한다. 담임교사가 주기적으로 봉사활동을 안내하고 시수가 저조한 학생들에게는 독려하기도 한다. 하지만 가정에서 관심 있게 살피지 못하는 학생들에게 봉사활동은 뒷전으로 밀려버리는 경우가 많다. 교육과정 외 봉사활동이라 해서 학교가 뒷짐 지고 있을 일은 아니다. 마을 교육공동체 속에서 학생들이 자발적으로 참여할 수 있는 봉사활동의 장을 마련해주기로 했다.

앞에서 자세히 언급한 '스토리가 있는 벽화거리'와 '경천마을 소소마켓'의 경우도 학교와 자원봉사센터가 협력하여 진행하고 있는 봉사활동이다. 주말에 학생과 마을주민이 주도적으로 만들어가는 행사다. 공주시 자원봉사센터에서 학생들에게는 지역사회 봉사활동으로 인정해 주고, 주민들에게는 봉사활동 마일리지를 적립해 준다.

너, 나, 우리, 행복한 통합교육

　체험 중심의 봉사활동을 위해 마을의 범위를 확장시켰다. 공주시 전체를 하나의 마을로 보고 유의미한 봉사활동처를 고심했다. 중학교 3년 동안 교육과정 내 봉사활동이 교내에 머물기를 원하지 않았다. 마침 특수학교인 공주정명학교에서 통합교육 협력학교를 찾는다는 소식을 들었다. '이보다 의미 있는 봉사활동은 없을 거야!' 확신하며 2017년 공주정명학교와 통합교육을 위한 업무협약을 체결했다. '너, 나, 우리, 행복한 통합교육'을 모토(motto)로 정했다. 경천중학교 학생에게는 장애인에 대한 올바른 인식을 심어주며 공동체 의식을 함양시켜주고, 공주정명학교 학생에게는 교육통합을 넘어 사회통합의 초석을 마련하는 데 의의를 뒀다. 두 학교는 연간 3~4회의 교육과정을 통합하기로 했다. 일회성 통합이 아닌 지속적이고 체계적인 통합교육을 실천하기 위해서다. 통합교육은 경천중학교 학생 3~4명과 공주정명학교 학생 1명이 짝지를 맺고 교육활동을 하기로 했다. 상호방문 형태로 예술·문화활동, 체육활동, 음악활동, 현장체험학습을 함께 진행했다.

　첫해인 2017년에는 총 4차례에 걸쳐 통합교육을 진행했다. 1차는 정명학교에서 주관했다. 짝지 맺기와 자기소개하기, 짝지와 함께 패브릭 수건 디자인하기, 협동 봄꽃 화분 심기를 하면서 친교를 나눴다. 2차는 경천중학교로 정명학교 학생들을 초청했다. 학생 동아리 공연으로 난타 연주와 치어리딩 댄스를 선보였다. 이어서 짝지와 함께 난타 배우기, 네일아트 체험을 하면서 반가운 친구를 다시 만났다. 3차는 현장체험학습으로 세종시 정부청사 옥상정원을 방문했다. 단체 티셔츠를 맞춰 입고 기념사진도 찍었다. 옥상정원 관람을 마치고 레스토랑으로 이동해 외식문화 체험을 했다.

1. 짝지와 협동하여 석고방향제 만들기 2. 짝지와 함께하는 협동 활동
3. 정명학교 초청, 학생동아리 작은 연주회 4. 짝지와 함께하는 체육활동

경천중학교 학생들은 샐러드 바를 이용하고 맛있게 먹을 생각에 잔뜩 들떠있었다. 하지만 짝지와 함께 식사한다는 걸 잠시 잊은 모양이다. 짝지가 어떤 음식을 좋아하는지 물어보고, 접시에 음식을 담는 것을 시작으로 같은 탁자에 앉아 음식 먹는 것까지 도와줘야 했다. 정명학교 짝지 학생의 식사를 도와주다 보니 경천중 아이들이 생각보다 식사를 즐길 틈이 없어 보였지만, 최선을 다해 짝지를 도와준 아이들이 대견했다. 4차는 솔로몬 파크로 직업체험학습을 다녀왔다. 법무부에서 운영하는 체험센터인 만큼 정명학교 학생들과 어떤 체험학습을 할 수 있을지 궁금해하는 듯 보였다. 교정시설, 국회 체험 같은 법 체험관과 법 놀이터를 다니며 짝지에게 애써 설명하는 학생들이 눈에 들어왔다. 한 학생은 외식문화 체험에서 장애학생의

식사를 도와주는 것이 힘들었지만 가장 기억에 남는다고 했다.

2018~2019년에는 각 3차례씩 통합교육을 했다. 모든 활동은 짝지 활동을 전제로 한다. 공주정명학교 주관으로 석고방향제 만들기, 파우치 만들기, 한국 잡월드 직업체험, 외식문화 체험을 함께했다. 경천중학교는 공주정명학교 중학생을 초청해 솜사탕 만들기, 전통놀이 체험, 나만의 열쇠고리 만들기, 목공예 실습, 뉴스포츠 활동을 하면서 짝지와 의미 있는 시간을 보냈다. 2020년에는 코로나19의 영향으로 상호교류는 진행하지 못했다. 대신 실시간 영상 공유를 통한 통합교육을 시도했다. 주제는 '플로리스트(florist) 직업 체험'. 대형 화면을 통해 짝지를 정하고 소개하는 장면은 꽤나 흥미로웠다. 이어서 플로리스트 직업에 대한 간단한 소개와 안전교육이 이어졌다. 각자 학교에서 비대면 활동으로 플로리스트 직업 체험을 할 수 있도록 전문 강사를 2명씩 파견했다. 마지막에는 각자 만든 꽃바구니를 보여주고 소개하는 시간으로 마무리했다. 통합교육은 두 학교 학생들에게 '더불어 살아가는 삶'의 중요성을 일깨워주었다.

기관장
릴레이 특강

기록의 중요성

창의적 체험활동의 네 가지 영역(자율활동, 동아리활동, 봉사활동, 진로활동)과 관련한 전문가 초청 강연을 연간 20여 회 진행한다. 일반적으로 학교에서 많이 하는 학교폭력예방 특강이나 성교육 관련 전문가 특강을 포함해 반(反)편견 입양교육, 인구교육, 생태환경교육 등과 같이 사회 문제를 심도 있게 생각해 보는 시간도 마련하고 있다.

신입생들에게 '창의적 체험활동 기록장(이하 '창체 기록장')'을 나눠주고, 3년 동안 창의적 체험활동으로 이루어지는 강연과 활동을 정리하게 한다. 나는 학기마다 '창체 기록 우수 학생'을 선발해 상장과 선물을 주고 칭찬한다. 어릴 적부터 '기록의 생활화'를 길러주고자 한 의도였다. 다음에 이어질 총동창회장님의 릴레이 특강에서 '기록의 중요성'을 강조했는데, 흥미롭게도 아이들은 그 내용을 창체 기록장에 기록했다.

기관장 릴레이 특강 신청을 마감하다

2019학년도에는 조금 특별한 '기관장 릴레이 특강'을 기획했다. 계룡면에는 13개 공기관이 있고 한 달에 한 번씩 기관장 협의회로 모인다. 지역현안과 각 기관의 사업, 행사 등을 안내·홍보하며 협력과 유대관계를 강화한다. 2월 기관장 협의회에 참석하여 '기관장 릴레이 특강' 안내자료와 신청서를 나눠 드리고 목적과 취지를 설명했다.

> 경천중학교는 공주행복교육지구 선도학교, 공주형 마을교육과정 모델학교로 '학교-마을 결합형 마을교육과정' 운영을 위해 힘쓰고 있습니다. 이에 이번 학년도에는 '기관장 릴레이 특강'으로 여러 기관장님을 학교로 모시고 학생들과 의미 있는 대화의 시간을 마련하고자 합니다. 계룡면 13명의 기관장님 대부분이 이 지역에서 태어나셨고, 학교를 다니셨고, 마을에서 성장하셨습니다. 그 결과 현직업 분야의 전문가로 성공하셨습니다. 그리고 퇴직 전 마지막 임지로 이곳에 와 마을의 발전을 위해 혼신의 힘을 쏟고 계신 줄로 압니다. 부디 많은 기관장님께서 강사로 신청해주셔서 우리 마을의 미래인 학생들에게 전문성 높은 다양한 분야의 진로 탐색의 기회를 만들어 주시고, 나아가 애향심을 길러 마을의 발전을 위한 인재로 성장하도록 격려의 말씀을 부탁드립니다.

연간 8회의 릴레이 특강 일정을 안내하고 신청서를 드리자 즉석에서 8명의 기관장님께서 신청서를 작성하여 주셨다. 몇 분이 더 신청해도 되냐며 추가 일정이 생기거나 사정상 취소되는 자리가 생기면 언제든지 연락을 달라고 하셨다.

교무부장에게 신청서를 건네자 순식간에 마감된 것을 보고 놀라면서 한 가지를 더 제안했다.

"이왕 마을의 기관장님을 모셔 살아온 이야기, 진로를 개척하여 성공한 이야기를 청해 듣게 되었는데요, 공동교육과정 차원에서 초등학교 고학년과 희망하는 학부모를 초대하면 어떨까요?"

참여 대상이 넓어지는 것에 기관장님들이 부담스러워하셨지만, 좀 더 다양한 이야기를 풀어 갈 수 있으리라는 기대도 보였다. 불우했던 성장기, 역경을 딛고 일어선 성공기를 이야기하면서 감정이 북받쳐 눈시울을 붉히는 기관장님도 있었다. 기억에 남는 내용을 몇 가지 소개한다.

첫 릴레이 특강

충남 남부장애인복지관 백 관장님께서 릴레이 특강의 스타트를 끊어주셨다. 장애인에 대한 오해와 편견을 지니고 사는 사람이야말로 마음의 장애를 고쳐야 한다는 일침으로 말문을 떼셨다. 이어 후천적으로 장애를 지니게 되는 사례를 몇 가지 들었다. 가족이나 이웃에게도 예고 없이 다가오는 상황일 수 있다며, 장애인은 나와 더불어 살아가는 이웃임을 기억해 달라고 말씀하셨다.

쉬지 말고 기록하라!

농협 지점장으로 근무하시는 총동창회장님의 특강은 아이들에게 호응이 좋았다. 나는 삶 자체가 '기부와 봉사'인 배○환 총동창회장님을 존경

한다. 이심전심이라고 했던가? 재학생들도 평소 아낌없는 관심과 사랑을 보내주신 총동창회장님을 좋아했던 터라 다른 때보다 더 집중하는 모습을 보였다. 모교와 후배 사랑이 깊은 총동창회장님은 매년 2학년 전원이 필리핀 국제교류를 떠날 수 있도록 기금을 마련해 주셨다. 학교 대소사를 직접 챙기시고 후배들의 행복한 학교생활을 위해 수시로 간식을 보내주셨다.

특강에서는 자신이 은행 지점장이 될 수 있었던 비결이라며 '기록'의 중요성을 강조했다. 일상생활 주변에서 일어나는 일에 관심을 갖고 일기를 쓰면서 기록하는 습관을 기를 것을 당부했다. 한 예로 계룡초등학교 개교 100주년 행사 준비위원장을 맡았을 때, 자신이 평생 기록한 일기와 사진을 모두 동원하여 한 초등학교의 100년 역사를 정리할 수 있었다고 했다. 군대 입영통지서부터 마지막 예비군 통지서까지 관련 자료를 수집해 해당 사단에 기증한 사례도 소개했다. 특강을 마무리하며 소개한 다산 정약용의 명언이 지금도 기억에 생생하다.

"기록하기를 좋아하라. 쉬지 말고 기록하라. 생각이 떠오르면 수시로 기록하라. 기억은 흐려지고 생각은 사라진다."

그리고 외치셨다. "머리를 믿지 말고 손을 믿어라!"

특강 말고 숲 산책

릴레이 특강은 대체로 학교에서 강연 형식으로 진행됐다. 아이들이 따분함을 느낄 때쯤 계룡산국립공원 갑사 분소장님께서 신원사(新元寺)[11] 숲 산책을 제안하셨다. 신원사는 학교에서 차로 10분 정도 떨어진 곳에 있는

---

11) 충남 공주시 계룡면 양화리(陽化里)에 있는 사찰.

사찰이다. 산마다 고운 단풍이 들기 시작한 10월, 나들이 가는 기분으로 버스를 대절해 전교생과 신원사를 찾았다. 전교생 50명도 안 되는 아이들을 맞으러 갑사분소 전 직원이 멋진 제복을 입고 마중 나와 있었다. 분소장님은 신원사에 대한민국에서 하나 남은 계룡산 산신제단(山神祭壇)인 중악단(中嶽壇)이 있다며 그 역사를 설명하셨다. 여기저기서 "와~"하는 탄성이 들려왔다. 내가 사는 마을에 이런 유서 깊은 유적지가 있다는 사실을 이제야 깨닫는 친구들도 있었다. 신원사 언덕을 올라 숲길을 따라 거닐며 숲 해설이 이어졌다. "참나무, 말 그대로 참 좋은 나무라는 순우리말이에요." 그렇게 한 시간가량 걸으면서 나무의 말을 들려주셨다.

후지요시 마사하루가 쓴 『이토록 멋진 마을』이 문득 떠올랐다. 우리 아이들도 '이토록 멋진 마을'에 살고 있다는 자부심으로 가득한 하루였기를 바란다.

2019년도 릴레이 특강 세부계획 및 일정표

기간	2019. 4~2019. 12					
장소	경천중학교 도서관					
대상	경천중학교 재학생, 초등 고학년(교육과정 연계), 학부모(희망자)					
	1학기			2학기		
	일자	시간	기관장	일자	시간	기관장
월별 일정표	4.5(금)	13:55-14:40	백○홍 (남부장애인복지관장)	9.18(수)	13:00-13:45	유○종 (계룡면장)
	5.10(금)	13:55-14:40	배○환 (총동창회장)	10.23(수)	13:00-13:45	한○기 (갑사분소장)
	6.14(금)	14:50-15:35	이○기 (예비군중대장)	11.22(금)	13:55-14:40	유○근 (계룡농협조합장)
	7.12(금)	13:55-14:40	한○섭 (계룡우체국장)	12.4(수)	13:00-13:45	한○섭 (한국농어촌공사 공주지사 강남지소장)

기관장 릴레이 특강 1. 충남남부장애인복지관장/ '장애가 장애가 되지 않는 세상'
2. 기록의 달인 총동창회장/ '기록으로 말하라!' 3, 4 계룡산 갑사 분소장/ 우리 마을 역사 탐방(3) 및 '숲 해설'(4)

수준 높은 마을,
수준 높은 예술·체육 활동

경천중학교 학부모는 학교를 깊이 신뢰하고, 학교의 섬세한 관심과 지원을 기대하며 교육활동에 전적인 지지를 보낸다. 학교 교육활동에 학부모들이 신선함을 느끼고 기대를 거는 이유가 무엇일까? '삶을 배우는 학교'를 추구하며 변화를 즐기는 학교여서일 것이다. 그리고 어쩌면 교육이 학교 안에 머물러 있지 않고 마을로 손 내밀기 때문일 것이다. 그 손을 잡은 학부모와 주민이 교육의 주체로서 같은 고민을 시작했다. 경천중학교의 거의 모든 학교 행사를 학부모, 주민과 함께하고자 노력하는 이유가 여기에 있다.

한화 이글스를 응원하는 수퍼 히어로 치어리딩 동아리

경천중학교에는 학교스포츠클럽 전국대회에서 입상한 유명한 치어리딩(cheerleading) 동아리[12]가 있다. 작은 학교지만 완전 몸치가 아닌 이상 본인이 희망하면 동아리에 캐스팅(casting)된다. 50명의 전교생 중 30명 이상이

단체관람한 한화이글스 홈경기에서
경천중학교 학생 및 교직원의 방문을
환영하는 문구가 뜬 전광판(위)과
스탠드에서 공연을 준비하는
치어리딩 동아리(오른쪽)

치어리딩을 배우고 있다. 이쯤 되면 캐스팅이라는 의미가 뛰어난 재능에 의한 것이라기보다는 연습과 노력의 결실로 보는 게 맞을 것이다. 대회도 대회지만, 매년 봄 야구 시즌이 시작되면 충청도가 연고지인 한화이글스의 홈경기(대전 이글스파크)를 찾는다. 구단의 배려로 이닝 교체 타임에 짧지만 강렬한 공연을 한다.

처음에 구단 측에서는 중학생들의 수준을 의심하여 쉽게 허락하지 않았다. 그래서 전국대회 영상을 보내고 공연할 영상도 촬영하여 보냈다. 마침내 허락을 받아 한화이글스 치어리더들이 실제로 공연하는 무대에서 떨리는 마음으로 첫 공연을 시작하였고, 관중의 열화 같은 환호를 받으며 무사히 마칠 수 있었다. 카메라에 잡힌 자녀의 공연하는 모습이 대형 스크린에 나오자 그 장면을 놓칠세라 사진을 찍어대는 부모의 얼굴이 어쩜 그렇게 행복해 보이던지! 그래서 매년 초가을쯤 야구 경기장에 최대한 많은 학부모를 모시고자 노력한다.

또한 경천초등학교와 계룡초등학교에서 관람을 희망하는 학생과 학

---

12) 2010년 슈퍼 히어로(super hero) 치어리딩 동아리 창단. 2018년까지 활동했으며, 이후 동아리 개편에 의해 해체.

부모의 신청을 받았다. 현수막을 걸어 마을주민 중에서도 원하는 분이 있으면 모시고 갔다. 그렇게 관광버스 2대를 대절하여 단체관람과 응원을 다닌 지도 5년이 넘었다. 농촌 작은 마을에서 농사일로 바쁜 부모와 주민들은 오아시스 같은 시간이었다며 내년에도 데려가 달라고 했다.

온 마을이 배구 사랑에 빠지다

스포츠 문화를 소개한 김에 배구에 관한 우리 학교 이야기를 해볼까 한다. 계룡초등학교는 학교스포츠클럽 전국대회에서 우승할 정도로 배구에 대한 학생·학부모의 열정이 대단하다. 거의 매일 배구 연습을 하고 방학에는 특별 훈련도 한다. 앞서 공동교육과정 부분에서 언급했듯이 계룡초 학생과 학부모는 졸업 후에도 배구를 더 배우고 싶어 한다. 하지만 공주시 전체를 통틀어 배구를 가르치는 중학교가 없다. 여기서 다시 강조하지만, 학교의 혁신은 동일 학교급 내 수평적 연계, 초·중·고 학교급 간 수직적 연계, 학교와 마을 간 연계 교육과정으로 이뤄진다. 고등학교가 없는 지역의 여건을 고려하여 본교는 '초-중학교 9년 교육과정'을 선언하였고, 2017년 계룡초등학교 학생과 학부모의 염원을 담아 배구부를 창단했다. 학교스포츠클럽과 동아리활동의 연속성을 확보하여 배구부 학생의 실력 향상과 성장을 돕고 있다. 결과적으로 배구부 창단은 신입생 유치와 홍보에도 큰 도움이 되었다.

학교스포츠클럽 배구대회에 출전한 첫해, 소문으로만 듣던 엄청난 학부모 응원단의 모습을 보았다. 북과 꽹과리로 경기장을 압도하고 응원 구호를 선창하면 후창하는 장면이 매우 자연스러웠다. 수년간 초등학교 응원에 나서며 다듬어진 실력이었다. 함께 응원에 참석한 교직원과 기존 중학

현대캐피탈 스카이워커스 홈경기 관람(왼쪽), 배구 V리그 관람을 즐기는 온 마을 사람들(오른쪽)

생의 학부모들도 얼떨결에 박수하고 선창을 따라 하면서 자연스럽게 응원단의 일원이 되었다. 첫해부터 충남교육감배 배구 경기에서 여중부와 남중부가 각각 2위와 3위에 입상하면서 앞으로 펼쳐질 가능성을 보여주었다.

이렇게 11월에 학교스포츠클럽 본선 대회까지 모두 마치면, 10월에 개막한 V-리그가 한창이다. 한 해의 배구부 활동을 평가하고 발전하는 기회로 삼기 위한 충전의 시간이 필요했다. 열렬히 응원에 동참해 주신 부모님께도 한겨울이 찾아오기 전에 감사의 시간을 마련해드리고 싶었다. 그래서 2017년 12월을 시작으로 매년 충남 천안시를 연고지로 둔 현대캐피탈 프로배구팀 스카이워커스의 홈경기(천안 유관순체육관)를 응원하기 시작했다. 이역시 야구장에 가던 것과 동일하게 지역 초등학생, 학부모, 지역주민의 신청을 받아 대형버스를 2대씩 대절했다.

온 마을 작은 음악회

수준 높은 스포츠 문화 체험은 그런대로 만족스러웠지만, 다른 측면에서 소양을 기르는 시간도 필요해 보였다. 억지로 없던 것을 만들어 내려

온 마을 작은음악회에서 플룻 연주를 하는 주민들(왼쪽)과 수줍게 '상사화'를 부르는 학생들(오른쪽)

한다면 교육과정에 부담이 되고 교원들의 업무가 과중된다. 그래서 우선 학교에서 잘하고 있는 부분을 살펴보며 온 마을과 공유할 수 있는 문화·예술 활동을 생각해 봤다. 그룹사운드(밴드), 오카리나, 통기타, 방송댄스, 뮤지컬, DIY 목공, 공예, 벽화동아리 등 자유학기에서 방과후 프로그램에 이르는 다양한 활동이 눈에 들어왔다.

이렇게 많은 활동을 작은 무대로 만들어 보여드리고 싶었다. 하지만 학교 축제는 3년에 한 번인데 2018년도에 온 마을 발표회를 개최하였으니 축제 무대에 올릴 수 있는 상황도 아니었다. 작은 음악회는 어떨까? 방향을 바꾸어 상시 공연을 위한 공간을 마련하기로 했다. 학생 활동을 중심으로 작은 음악회를 준비하던 중 '러너스 하이(Runners High)'라는 한 직장인 밴드와 연락이 닿아 합동 공연을 준비하기로 했다. 학교에서는 학년별로 음악 시간과 동아리, 자유학기에서 배운 오카리나 연주, 기타 연주, 방송댄스 등을 준비하기로 하고, 특히 학년별로 조직된 그룹사운드(밴드)의 기수별 공연에 이어 러너스 하이 팀의 완성도 높은 연주로 마무리하기로 했다.

러너스 하이 측에서 공연의 다양성과 질을 높이고자 바이올리니스트와 플룻 팀을 초대하여 감동적인 연주를 들려줬다. 작은 음악회로 시작했지만 정기 연주회에 비금가는 규모의 공연은 농촌 마을에 잔잔한 여운을 남기기에 충분했다. 이렇게 러너스 하이 팀과 합동으로 2018년, 2019년 2년 동안 작은 음악회를 열였다. 마을에서 색소폰 연주하는 분, 기타 치는 분, 노래하는 분을 초대해 '마을 음악회'로 격을 높이고자 했다. 그런데 '웬수' 같은 코로나19 앞에서 2020년 이후 공연을 하지 못하고 있다. 상황이 좋아지면 다시 일어서야 한다. 그래서 공연에 함께한 분들과 지속적인 연락을 유지하고 있다.

3 부

학교,
마을을 세우다

공간의
생산

프랑스 철학자 앙리 르페브르(Henri Lefebvre, 1901~1991)는 『공간의 생산』
에서 세 차원으로 공간에 대해 설명한다. 물리적 공간, 정신적 공간, 사회
적 공간이 그것이다. 그러나 그의 공간 이론의 핵심은 모든 공간을 인간이
상호작용하는 '사회적 공간'으로 이해하는 것이다.

대학원에서 '공간으로 본 평생교육'을 공부하면서 르페브르의 공간 개
념을 알게 되었다. 공간에 대한 철학을 깊이 다루고 있기에 어려운 내용들
이 있기는 하지만, 내가 이해한 대로 정리하자면, '공간은 주관적이든 객관
적이든 인간이 상호작용하면서 네트워크를 형성하는 사회화 과정의 토대'
라 할 수 있다. '사회는 저마다 공간을 생산한다'는 전제가 충족되지 않으면
'소외'가 발생하는 것이다.

도시에 사는 현대인은 사회적 공간의 연계망을 편리하게 이용하고 있다. 하지만 공간에 대한 공동체성을 상실한 데서 오는 상호작용의 결핍이 소외를 만들기도 한다. 그리고 그런 소외가 일상생활에서 재생산되고 확장하면서 인간의 삶을 황폐하게 만든다. 반면 농촌에 사는 사람은 도시에 비해 공간 속에서 원활한 상호작용을 하면서 공동체 활동을 한다고 할 수 있다. 그럼에도 지역 주민의 교육력을 강화할 수 있는 사회적 공간과 네트워크는 여전히 부족한 실정이다. 이러한 공간의 결핍은 결국 지역과 주민의 사회화 과정에 소외를 불러일으킨다. 이것이 바로 농촌에 '저마다의 공간'이 필요한 이유인 것이다.

친근한
'개미수퍼'

학교 정문 옆 '개미수퍼'는 하교 시간에 버스를 기다리는 학생들로 붐빈다. '개미수퍼' 버스 정류장에는 두 개의 낡은 소파가 있다. 한눈에 봐도 고물상에서나 볼 수 있을 법한 낡은 것이다. 하지만 이 소파 자리를 차지하려는 학생들의 경쟁은 치열했다. 한 명이 앉고 양쪽 팔걸이에 몇 명 더 걸쳐 앉았다. 계룡면을 지나 공주 시내로 향하는 310번 버스가 두 시간에 한 대 지나간다. 아이들에게는 오랜 시간 기다리며 쉴 곳이 필요했던 것이다.

계룡면은 면적이 84㎢(약 2만5천 평)이고 31개 리(里)가 있다. 초등학교는 두 곳이지만 중학교는 한 곳뿐이다. 초등학교를 졸업하면 학생들은 이렇게 방대한 통학구역에서 중학교에 다니게 된다. 마을버스도 없다. 공주에서 들어오는 시내버스와 논산에서 들어오는 시내버스를 이용해야 한다. 8시 30분까지 등교하면 되지만 첫차를 타고 7시 30분에 학교에 오는 학생이 많았다. 다음 버스를 타면 9시가 넘어 도착하니 지각이기 때문이다. 집에 갈 때도 마찬가지였다. 4시 15분 버스를 놓치면 6시까지 기다려야 한다.

버스 시간에 맞춰 일과(日課)를 정해야 하는 학교의 현실. '학교장 단위학교 책임경영제'가 무색하게 느껴졌다. 이런 교육 여건을 개선할 방법을 찾고자 노력했다. 노천(露天)에서 버스를 기다리며 '방치된' 학생들은 많은 위험에 노출되어 있으며, 황사와 미세먼지, 직사광선이 내리쬐는 무더위와 매서운 추위, 눈과 비, 좁은 도로, 덤프트럭의 위험한 속도 경쟁에 무방비 상태였기 때문이다. 방과 후라고 해서 교원의 안전지도 책무가 해제되는가? 네 시 반, 정문을 통과하는 선생님의 차량을 향해 손 흔들며 인사하는 아이들, 룸 미러(room mirror)에 보이는 해맑은 미소가 내 의지와 결심을 재촉했다.

더 이상 친근하지 않은 '개미수퍼'를 대체할 안전한 공간을 만들어줘야겠다. 버스를 기다리는 시간도 아깝다. 그 시간에 책 읽고 숙제하고 친구와 놀 수 있는 따뜻하고 시원하고 안전한 장소면 좋겠다. 경천초등학교가 길 건너 가까이에 있으니 이왕이면 초등학생들도 같이 사용하는 '아지트' 같은 곳이면 좋겠다. 돌봐줄 어른을 봉사자로 모시고 학부모와 주민들에게도 독서·문화의 공간이어야 한다.

경천중학교 교문 오른편으로 정든 개미수퍼가 보인다.

이음터
발견

2017년 9월 교장 임기를 시작한 첫 달부터 아이들을 위한 마땅한 장소를 물색하기 시작했다. 지역에 어울리는 '저마다의 공간'을 바라는 마음으로 세 가지 원칙을 정했다. 첫째, 초등학교와 중학교를 잇는 '이음터' 역할을 할 것, 둘째, 학부모와 지역주민의 교육력을 높일 것, 셋째, 주민(학부모)의 자원봉사와 재능기부로 자발적인 운영을 할 것. 이 원칙을 만족하는 공간에 마을도서관을 만들기로 결심했다.

학교 앞, 길 건너에 있는 2층 건물이 눈에 들어왔다. 오래되고 낡은 건물이었다. 건축물 대장을 보니 1998년에 준공 승인이 났다. 대지 면적이 553㎡이고 건물 연면적은 378㎡이다. 2층 건물이니 층별로 188㎡, 약 57평이다. 1, 2층 모두 비어 있고 앞마당이 넓어 작은 공연이나 행사도 가능해 보였다. '시골에서 보기 드문 건물인데 왜 여태 비어 있을까?' 알아보니 준공 초기에 잠깐 세입자가 있었는데 20년 가까이 공실이었단다. 2층에는 10여 년 전 중학생을 대상으로 학원을 운영한 흔적도 보였다.

이유야 어쨌든 이곳이 최적지라는 확신이 들었다. 중학교와 초등학교의 중간 지점이기도 했으며, 삼거리 도로가 만나 접근성이 좋은 곳이었기 때문이다. 그리고 주위에 할인마트, 농협, 학교, 교회, 식당, 버스 정류장이 있어 사람과 차량의 왕래가 활발하다. 중학생은 횡단보도를 건너야 하지만 초등학생은 길을 건너지 않고 올 수 있어서 안전하다.

이음터와 주변. 2020년 1월 '마을도서관@경천 작은도서관'으로 등록되어 현재는 지도에 지명이 표시되어 있다(표시 부분). 출처: 네이버 위성지도(추출일 2021. 2. 14.)

조물주 위에
건물주

학교 근처에서 작은 가게를 운영하는 노부부가 그 건물 주인이었다. 어느 날, 그분들을 찾아뵙고 말씀을 나눴다. 아이들에게 안전하고 쾌적한 공간이 필요한 이유와 주민들의 교육력을 높이기 위해 건물을 사용할 수 있으면 좋겠다는 말씀을 전했다.

"어르신, 비어 있는 건물 1층을 마을도서관으로 사용할 수 있게 해주세요. 반 칸만이라도 허락해주세요."

나는 무상으로 공간을 제공해 달라고 부탁하고 있었다. 마을 아이들과 주민에게 의미 있는 장소를 만들어 주겠다는 각오 하나면 충분하리라 생각했다.

"임차하시면 되겠네요."

내가 너무 순진했다. 마을교육공동체를 다룬 책을 읽으면서 마을주민이 땅을 내놓고 음식을 나누고 재능을 기부하는 선한 사례만 기억하고 있었던 것이다. 그것이 우리 마을에서도 통할 거라는 착각 속에 살았다. 그래서 어차피 오랜 시간 공실로 비어 있으니 의미 있게 사용할 수 있도록 기부해달라는 뜻이었다.

머리가 복잡했다. 학교 예산은 학교 밖 시설에 사용할 수 없다. 임차료와 리모델링, 운영에 필요한 기자재와 비품 구입에 사용할 예산이 마땅치 않았다. 한두 푼도 아니었다. 얼마간 더 고민하고 다시 찾아갔지만 같은 대답이 돌아왔다. 그러던 중 교장 자격연수[1]가 시작돼 거의 3개월 동안 진척이 없었다. 연수 중에도 이 문제를 해결할 방법을 틈틈이 생각했다. 그렇게 2017년이 저물고 2018년을 맞이했다. 더 이상 미룰 수 없었다. 뜻이 있는 곳에 길이 있으니 예산을 마련하는 것이 불가능한 일은 아니었다. 마을도서관을 만드는 데 필요한 예산이 어느 정도 인지 가늠해 보고자 했다. 그래서 행정실 직원과 함께 노부부를 찾아가 임대차 계약을 상의했다.

"너무 오래 건물을 비워놔서 이것저것 손보려면 돈이 많이 들 것 같은데… 월 50만 원은 주셔야 할 것 같소."

"어르신, 공주 시내에 모든 게 갖추어진(풀 옵션) 원룸도 월 50만 원이 안됩니다. 다시 한 번 생각해 주세요."

시골에서 30평을 사용하는데 월 50만 원이라니. 과하다는 생각이 들었는지 행정실 직원이 대꾸했다.

"화장실도 뚫어야 하고, 수도도 막혔으니 그 돈 받아도 고치고 나면 남는 것도 없겠네. 관둡시다."

머릿속이 다시 하얘졌다. 비싼 임차료도 그렇지만 협상의 여지 없이 대화가 끝났다. 학교로 돌아와 고민에 빠졌다. 반드시 그 건물 1층을 사용하리라는 각오가 더해졌다. 장소 임차를 놓고 협상을 시작한 지 곧 1년이

---

[1] 공립학교 교장이 자격연수를 통해 교장 자격을 받은 후 학교장으로 발령이 나는 것과 달리, 사립학교 교장은 법인 이사회에서 교장으로 임용한 직후 자격연수를 받아 교장 자격을 취득한다.(교장 자격을 취득하기 전까지는 '교원(장) 자격 증 부관 설정 등에 관한 규정'에 의해 교장 자격을 인정한다.)

된다. 우선 계약을 성사시키는 게 중요했다. 예상되는 시나리오를 준비하고 다시 찾아갔다. 이번에는 자신 있었다.

"지난번에 월 50만 원을 말씀하신 이유가 수도와 화장실 수리 때문이라고 하셨지요? 오래 사용하지 않았으니 그 돈으로 고치기에도 충분하지 않을 거라는 말씀도 하셨고요. 그럼 화장실과 수도를 사용하지 않을 테니 월 30만 원에 계약해 주세요."

건물 주인 입장에서 생각한 제안이다. 수리에 들어가는 돈이 없고, 조금 적지만 다달이 임차료를 받는다. 내가 주인이라도 받아들일 만하다. 예상대로 긍정적인 반응이었다. 그런데 예상하지 못한 문제가 생겼다. 월 임차료에 부가세(3만 원)를 포함해 달라는 것과 보증금 1천만 원을 요구했다. 부가세는 예산을 추가하면 되니 큰일은 아니었다. 보증금 1천만 원은 액수도 문제지만, 회계연도 독립의 원칙[2]에 따라 당해 연도 예산을 다음 연도까지 사용할 수 없었다. 예컨대 임대차 계약 기간이 보통 2년이다. 학교 회계로 올해 지출한 보증금을 내년 계약 만기까지 묶어 둘 수 없었다. 계약서에 도장 찍기 일보 직전에 터진 일이었다. 행정실장이 학교에서 보증금을 지출할 수 없는 이유를 쉽게 설명했다. 노부부께서 이전에 안 좋은 경험이 있다며 걱정하시던 시설 파손 시 원상복구 등의 내용을 담아 공문으로 드리겠다는 설득도 소용없었다. 노부부께서 살아온 세월만큼 굳어진 신념도 확고했다.

"보증금은 제가 드리겠습니다. 임차료는 학교에서 지급하고요."

사재(私財)를 털어서라도 오늘 마무리하겠다는 생각뿐이었다. 계약서

---

2) 회계연도 독립의 원칙(학교회계규칙 제3조). 당해 연도의 재원은 당해 연도의 수입으로 충당하여야 하고 현 연도에 책정한 경비를 다음 연도의 사업에 사용해서는 안 된다는 원칙

특약사항에 잘 기록해 두면 된다. 그렇게 합의점을 찾았다. 계약일이 2018년 9월이니, 꼬박 1년이 걸렸다. 그날 집에 와 보증금이 필요하다고 아내에게 말했다. 자세히 묻지 않고 목돈을 마련해 준 아내에게 고맙다.

마을도서관을
구상하다

내가 설립하고자 하는 마을도서관은 학교 주도로 운영을 시작하지만, 결국 마을에서 이끌어 주기를 기대하는 마음에서 시작되었다. 마을주민이 온전히 도서관을 운영하는 모습을 꿈꾸며, 마을도서관을 통해 아이들은 물론 주민이 교육력을 키우기를 바란다.

내가 마을도서관을 만들겠다고 결심한 후 가장 먼저 읽은 책이 있다. 『동네도서관이 세상을 바꾼다』라는 책이다. '동네도서관 운동'을 하면서 120관의 도서관을 만든 저자 이소이 요시미쓰(磯井純充)의 활동을 담고 있다. 이소이 요시미쓰는 카페부터 절, 치과병원, 대학병원 같은 다양한 장소에 동네도서관을 설립했다. '당장 책이 없어도 도서관을 운영할 수 있다'는 그의 아이디어야말로 감탄할 만했다. 서로 책을 가져와 읽고 다른 사람의 책을 공유하면서 규모를 늘려가면 된다는 것. 또 그는 책을 읽을 수 있는 공간만 있다면 어디든 동네도서관이 될 수 있다는 신념으로 '마이크로 라이브러리(micro library, 아주 작은 도서관)'라는 개념을 도입했다. 동네도서관은 회의, 행사, 모임, 교육, 놀이를 할 수 있는 공간이다. 저자는 오사카에 있는 자신의 11평 작은 방에 책 1,500권을 가져다 놓고 '동네도서관@오사카'로 이름을 붙였다. 이런 방식으로 120관이 탄생할 때마다 '동네도서관@지역명'으로 이름을 지으며 도서관 운동을 전개했다.

마을도서관은 어떤 모습이어야 할까? 막상 시작은 했지만 가보지 않은 길이라서 걱정이 많았다. 『동네도서관이 세상을 바꾼다』라는 책은 마을도서관에 대한 나의 신념과 철학을 세우는 데 도움이 됐다. 먼저 마을도서관 이름을 쉽게 정할 수 있었다. 책에서 보듯 이름이 거창할 필요는 없다. 마을도서관은 마을도서관이다. '학교 밖 학교'를 꿈꾸는 다른 지역에서도 용기 내어 마을도서관 운동을 실천하면 좋겠다는 의지를 담아 '마을도서관@경천'으로 정했다. 이름을 공모할까 잠시 망설였지만, 나중에 마을이 주도하면 새 이름이 필요하겠다는 생각이 들었다. 그래서 민주적이지 않다고 할지 모르지만 내가 정했다.

다음은 마을도서관의 역할과 기능을 정리했다.

1. 마을에 도서관을 만들어 책을 빌려볼 수 있는 문화를 만들자.
2. 마을도서관을 활성화하기 위해 '책'을 적극 활용하자.
3. 학교, 지자체, 공공도서관과 연계하여 학생, 주민의 성장을 돕자.
4. 사람과 사람이 만나 교류하는 공간, 만남, 대화, 담소의 공간으로 만들자.
5. 아동에겐 돌봄의 안식처, 학생에겐 학습과 만남의 장, 주민에겐 평생학습의 장을 제공하자.

한마디로 "마을도서관에서는 '다' 할 수 있다."

저자는 "동네도서관으로 세상을 바꾸고 싶다"라는 신념을 가지고 움직였다. 나는 도서관 운동과 주민 운동이 창조적인 결합을 할 때 '마을이 온통 배움터'가 된다는 신념으로 시작했다.

마을도서관 개관은 향후 경천마을교육공동체가 발전하는 마중물 역할을 했다.

마을도서관은
어떤 모습이어야 할까?

　실제 이용자가 될 학생들의 생각이 듣고 싶었다. 전교생 앞에서 마을
도서관을 만들겠다고 약속했다. '개미수퍼'와 작별해야 하는 이유를 설명
하고 마을도서관을 만들게 된 동기를 이야기했다. 이어 다음 두 장의 사진
을 보여줬다.

> "오늘날 나를 있게 한 것은 동네의 공공도서관이었다."
> - 빌 게이츠

> 🏛
> 동네도서관이 지향하는 것은 '배움'이다.
> 세대와 성별을 초월해 지속 가능한 배움을 서로 나누는 일.
> 배움의 인연인 새로운 '학연'을 만들어 활발히 교류할 수 있도록
> 돕는 것이 동네도서관의 꿈이며 역할이다.

마을도서관에 대한 생각의 실마리가 된 구절들
(왼쪽) 빌게이츠를 만든 마을도서관 (오른쪽) 마을도서관의 지향 '배움' 출처: 『동네도서관이 세상을 바꾼다』

　'동네'는 곧 '마을'이다. 쉬고 놀 곳 하나 없는 삭막하고 건조한

시골 마을에 도서관이 생긴다는 것은 어떤 의미일까. 지속 가능한 배움을 서로 나누는 것이 마을도서관의 꿈이라고 한다. 이는 세대와 성별을 초월해 배움을 지향하는 공동체로 발전한다. 디트로이트 도서관을 통째로 읽은 에디슨, '동네도서관이 나를 만들었다'는 마이크로 소프트 대표 빌 게이츠를 기억한다. 마을도서관을 통째로 읽은 제2의 에디슨, 마을도서관이 만든 제2의 빌 게이츠가 경천에서 나오지 말란 법이 없다.

나의 희망과 포부를 듣던 아이들의 눈빛이 반짝임을 느꼈다. 이제 진솔한 의견을 나눌 준비가 됐다는 생각에 종이 두 장을 나눠줬다.

'마을도서관 환경 조성을 위한 작은 아이디어'라는 제목의 종이에 '어떻게 꾸미면 도서관에 자주 올까, 무엇을 할 수 있으면 좋을까'를 적게 했다. 다른 한 장은 마을도서관 공간구성을 공모한다는 내용이었다. 충분한 시간을 주고 일주일 후 전교생과 만나 생각을 모았다.

'아지트 같은 공간', '독립된 소모임 장소', '태블릿 PC 사용', '5G Wi-Fi', '작은 공연이나 강연을 위한 무대', '배 깔고 누워 책 볼 수 있는 공간', '신간

(왼쪽) 학생 의견을 반영한 마을도서관 구성안 (오른쪽) 학생과 주민이 만든 마을도서관 미니어처

도서 전용 공간'… 다양한 의견이 나왔다.

　교직원에게도 같은 질문을 하고 서로 생각을 나눴다. 방과후학교 담당 교사가 좋은 생각이 있다며 말을 이었다. 학생, 학부모, 주민이 목공수업을 함께 하고 있으니 마을도서관을 미니어처(miniature)로 만들어 보자는 것이다. 다양한 생각을 모아 미니어처로 만들다 보면 자연스럽게 남다른 애정이 생기리란 기대가 생겼다.

　교육공동체 의견과 공모한 내용을 종합해 현실성 있는 구성안을 만들었다. 도서관의 구조, 면적, 활용도, 실용적 배치를 고려했다. 미니어처와 비슷한 부분도 꽤 있었다. 이 구성안을 바탕으로 리모델링 업체와 협의를 진행했다.

마을도서관,
형태를 드러내다

20년 가까이 사용하지 않은 건물 내부가 궁금했다. 손댈 곳이 얼마나 될지 싶어 사실 겁이 나기도 했다. 막상 확인해 보니 오랜 시간 사람 손길이 닿지 않아 폐창고나 다름이 없었다. 바닥부터 천장까지 모두 수리가 필요했다. 30평 공간 리모델링과 책장, 의자, 냉난방기 같은 비품을 구입하는 데 최소 2천만 원이 필요했다. 이 견적은 그야말로 최소한으로 줄인 것이었다.

'9월 리모델링, 10월 시범 운영, 11월 개관식'. 향후 계획은 이랬다.

더위가 시작될 무렵 발전기금 마련을 위해 지역 기업체의 문을 두드렸다. 중소기업체가 많아 다음에 도와주겠다는 약속만 돌아왔다. 그렇게 몇 주를 다니던 중 친환경 사료 제조업체 ㈜진바이오텍에서 '큰돈'을 기탁해 주셨다. 면장님을 찾아가 도움을 청하자 원목 서가를 제작해 주셨다. 또 입구와 마당이 지저분하다면서 전통 문양이 들어간 보도블록으로 교체해 주셨다. 계룡면 발전협의회장님께서는 찌그러지고 망가진 보행자 안전 울타리(fence)를 더 튼튼한 제품으로 교체해주셨다. 나머지 부족한 예산은 뜻

마을도서관 리모델링 전후의 외관과 내부
1, 2 리모델링 전 3, 4 리모델링 후

을 같이하는 분들이 십시일반(十匙一飯)으로 모아서 마련했다.

　　당시 학부모회장(현재 마을도서관장 겸 경천마을학교 대표)님께 자원봉사자를 모아 달라고 부탁했다. '전문성이 필요한 일은 어쩔 수 없지만 작은 일은 우리가 직접 하면 좋지 않을까' 하는 생각 때문이었다. 내부에 폐기할 물건이 많아 수거업체를 불렀다. 마스크와 장갑을 착용하고 하나씩 옮기기 시작했다. 빈 공간에 먼지가 가득했다. 나는 어차피 공사를 시작하면 더러워질 테니 그만하자고 했다. 하지만 봉사자들은 대충이라도 쓸자며 다시 빗자루를 집어 들었다. 아이들이 사용할 공간이라는 생각에 그랬던 모양이다.

　　리모델링 비용을 절약하기 위해 큰돈이 들어가는 바닥은 건드리지 않기로 했다. 전기회사를 경영하는 동창분께 전기와 조명 공사를 부탁했다.

출입문 부식이 심하고 잠금장치도 망가져서 새 문으로 바꿔야 했다. 하루에 수십 명씩 다녀갈 출입문이라는 생각에 안전한 강화유리로 교체했다. 리모델링 업체 사장님께 마을도서관 구성안을 최대한 반영해 달라고 부탁했다. 수시로 협의도 했다. 3주가 지나자 리모델링이 끝났다. 적은 예산으로 많은 것을 했고 만족스러웠다.

마을교육 업무를 맡은 수학선생님께서 마을도서관 로고를 만들어 주셨다. 나는 선생님께 수업 외 부담을 드리고 싶지 않았다. 그래서 광고 업체에 의뢰하라고 했다. 선생님은 예산도 넉넉하지 않은데 자신이 포토샵으로 만들어보겠다고 했다. 기대한 것보다 멋진 로고가 탄생했다. 창문 블라인드에 로고를 넣어 설치하니 카페 분위기가 났다. 지금도 리플렛, 홍보문, 문서에도 그 로고를 사용하고 있다. 마을도서관만의 고유한 로고를 만들어 주신 선생님이 너무 고맙다.

지금은
시범 운영 중

  정식 개관을 앞두고 10월 한 달 동안 시범 운영을 해보았다. 그러면서
우선 도서관에 필요한 온갖 집기류(什器類)부터 채울 계획을 세웠다. 발전기
금으로 모은 예산의 대부분을 내부 리모델링에 사용한 터라 넉넉하지 못
한 살림을 꾸려가고자 집기류 구입 비용을 줄이기로 했다. 대신 학교에서
사용하지 않거나 여분의 물품들을 가져다 놓고자 했다. 그 목록을 정리해
보니 책상, 원형 소파처럼 사람이 들어서 운반하기엔 제법 부피가 큰 물건
이 많았다. 학교 앞 바로 길 건너에 마을도서관이 있지만, 학교 본관 2층에
서 마을도서관까지 물건을 나르기란 만만한 일이 아니었다. 이 소식을 들
은 학교운영위원 중 한 분이 농사에 사용하는 1톤 화물차를 끌고 왔다. 힘
쓸 생각에 시무룩했던 남자 교직원들의 얼굴에 화색이 돌기 시작했다. 나
와 남자 직원들은 수많은 물품을 싣고 내리기를 몇 차례 반복했고, 마침내
도서관 내부가 깔끔하게 정리됐다. 이렇게 몇 주 동안 마을도서관 내부를
말끔하게 리모델링 하고 내부 정리를 마쳤지만 바로 개관을 하지 못하고
시범 운영을 한 이유가 있다. 마을도서관을 자율적으로 운영해 줄 자원봉

사자를 모집하고, 텅 빈 시가도 채워야 했기 때문이다.

마을도서관은 마을이 운영해야 한다. 학부모와 주민의 자발적인 참여가 마을도서관 운영의 성패를 좌우한다. 그러기 위해서는 마을도서관을 맡아 운영할 대표자와 운영위원을 세워 임파워먼트(empowerment, 권한 부여)해야 한다. 그래야 마을주민의 교육력과 주체성을 기를 수 있다. 지금은 학교 주도로 마을도서관 운영을 시작하지만, 곧 마을에서 온전히 도맡아야 한다. 그 시기가 빠를수록 지속 가능한 마을을 앞당길 수 있다. 나는 그날이 올 때까지 학교에서 마을도서관 운영에 필요한 모든 예산을 책임지기로 마음먹었다.

현재 마을도서관 관장이자 비영리단체 '경천마을학교' 대표이신 학부모회장님(이하 천 관장님)이 마을도서관에 남다른 관심을 보였다. 천 관장님과 마을도서관에 대한 이야기를 나누면서 책임 있는 역할을 맡아달라고 부탁했다. 개관하고 운영위원 개편이 있을 때까지 명예관장으로 수고를 부탁하며 위촉했다.

이렇게 자원봉사자(운영위원)를 모으기 위한 첫 단추를 끼웠다. 천 관장님께 부탁하여 마을도서관 봉사자를 모아 달라고 했다. 봉사자를 모집한다는 현수막을 걸고 지역 초등학교와 교회에도 협조를 청했다.

며칠이 지나 12명의 학부모와 주민이 함께하겠다고 나섰다. 이분들이 협의하여 초등학교와 중학교가 끝나는 오후 3~6시에 집중적으로 운영하기로 했다. 시범운영 기간에는 월요일부터 일요일까지 쉬지 않고 열어 적극 홍보하자는 의견에 모두 동의했다. 하루 3시간씩 요일별 담당자를 정해 문을 열기 시작했다. 모두 생업이 있어 3시간을 봉사하는 것이 결코 쉬운 일은 아니었다.

하루는 천 관장님께서 시무룩한 얼굴로 찾아오셨다. 토요일은 어떻게든 담당자를 정했지만, 일요일은 선뜻 나서는 분이 없다며 걱정했다. 봉사자를 모으고 요일 담당자를 정하는 일만 해도 얼마나 어려웠을까. 나도 참여하겠다고 말했다.

"일요일은 제가 맡을 테니 걱정 마세요."

나는 매주 일요일이면 학교 옆 경천교회에서 예배를 드린다. 예배를 마치고 점심을 먹으면 오후 1시쯤이다.

"대신 일요일은 오후 1시부터 4시까지 열기로 하지요."

차라리 잘 됐다. 시골 교회에서 점심까지 먹은 동네 아이들은 딱히 할 일이 없어 무료한 시간을 보낸다. 아이들에게 무엇을 하고 싶냐고 물어봤다.

"영화 틀어주세요."

매주 일요일을 '경천 시네마극장'의 날로 정하고 1시에 영화를 상영했다. 영화를 보러 오는 아이들이 대부분 초등학생이고 성별이 섞여 있어서 영화를 선택하는 게 힘들었다. 그래서 보고 싶은 영화를 신청받아 한 주 전부터 상영할 영화를 게시판에 안내했다. 이렇게 시작한 '경천 시네마극

경천시네마 상영 홍보 포스터와 경천시네마 상영 장면

장'은 이듬해 3월 시간표 개편 전까지 매주 일요일에 열렸다. 3월부터는 매월 첫 주 일요일로 변경되었다.

　새로 단장한 마을도서관의 텅 빈 책장이 쓸쓸해 보였다. 그래서 9월부터 도서 기증을 받기 시작했고, 학교 교직원과 학부모가 먼저 기증에 동참해 주셨다. 경천교회에서 정규예배 시간에 광고해주셔서 교인들이 한두 권씩 책을 가져오셨다. 면 기관장님들께도 말씀드려 제법 많은 책을 기증받았다. 현수막을 보고 책을 몇 상자씩 담아 가져오신 주민도 있었다. 총동창회를 통해 소식을 들었다며 멀리 사는 동창들이 택배로 책을 보내왔다. 나는 공주시 중등교장단 협의회를 마을도서관에서 개최할 것을 제안하고, 관내 교장 선생님들께 감명 깊게 읽은 책을 한두 권씩 가져다 달라고 부탁했다. 그리고 한쪽 코너에 '경천중학교 이동도서' 공간을 마련해 학교에서

1. 기증 도서를 정리하는 마을주민 2. 단정히 정리된 책장 3. 영역별로 정리된 도서 4. 와이파이 사용 안내

구입한 신간 도서를 주기별로 이동 비치했다.

어느새 기증받은 책이 쌓여 서가 정리하는 일이 남았다. 천 관장님과 봉사자 몇 분이 날마다 모여 늦은 밤까지 책을 정리해 주셨다. 유아용 그림책, 어린이 도서, 청소년 도서, 소설, 자기개발서, 만화책, 시집, 종교 서적, 전문 서적 등 다양한 종류가 있었다. 비어 있던 서가가 채워지는 모습을 보며 전율을 느꼈다.

온 마을이 함께한
개관식

2018년 11월 19일 개관식이 열렸다. 흔히 개관식 하면 현판식, 테이프 커팅식을 떠오르게 한다. 하지만 '지속 가능한 배움'을 지향하는 공간 철학에 따라 경직된 형식과 틀에서 벗어나 자연스럽고 편안한 분위기의 개관식을 원했다.

마을도서관은 '학교 속 마을, 마을 속 학교'를 실현하는 공간이다. 참석자는 마을도서관과 지역의 가치를 알고 발전에 도움을 주는 사람이면 좋겠다고 생각했다. 학생을 대표하는 학생회 임원, 교육공동체 대표자(학부모회장, 학교운영위원장, 총동창회장), 마을도서관 운영위원, 지역 학교장과 기관장, 마을 이장과 노인회장, 경천교회 담임목사와 장로, 교육청 관계자, 그리고 작은도서관 지원 조례를 발의한 공주시의회 의장 및 지역구 의원을 초대했다. 이렇게 50명 정도 참석한 가운데 개관식을 진행했다. 마을도서관이 사람들로 꽉 찬 모습을 보면서 늘 이렇게 아이들로 붐비는 공간이 되기를 빌었다. 다음은 개관식 학교장 환영사의 일부다.

경천중학교는 '배움이 즐겁고 함께 성장하는 행복한 온 마을 학교'를 꿈꿉니다.

경직되고 획일적인 근대학교의 그늘에서 벗어나 학교와 마을이 함께 아이를 키우는 미래교육을 지향합니다.

올해 학교와 마을을 잇는 교육과정을 운영하기 시작했습니다. 봄에는 스토리벽화, 가을에는 온 마을 발표회, 그리고 올해가 가기 전에 숙원사업이었던 마을도서관을 개관하게 되어 무척 감격스럽습니다. 여기 계신 모든 분이 아낌없는 지원을 해주시고 관심을 보여주신 덕분이라 믿으며 감사하다는 말씀을 드립니다.

오늘 마을도서관 개관을 계기로 마을이 아이를 함께 키운다는 철학을 공유하고 싶습니다. 지속 가능한 배움을 지향하며 마을도서관이 문화와 독서의 공간으로 거듭나기를 기대합니다. (중략)

환영 인사와 짧은 경과보고에 이어 '인문학 토크(talk)'가 시작됐다. 공

(왼쪽) 개관식 이모저모 (오른쪽) 주민과 소통하며 진행한 인문학 토크

마을주민으로 가득 찬 개관식. 김정식 교장이 인사말을 하고 있다

주대학교 박상옥 교수가 '학교와 마을을 잇는 마을도서관의 역할'에 대한 이야기로 1부를 열었다. 2부는 공주 출신 오영미 시인이 '지역사회 독서·문화발전을 위한 주민의 역할'을 사례 중심으로 풀어가며 분위기가 절정에 달했다. 그리고 별도의 폐회 선언 없이 참석자들끼리 담소를 나누며 자연스럽게 마무리했다.

"마을에 활력을 찾아줘 고마워요."

마을도서관에서 나오시던 이장님이 내 손을 꼭 잡고 말씀하셨다.

딱 1년이 걸린 건물 임차 계약 과정, 발품 팔아 마련한 리모델링 발전기금, 우여곡절 끝에 모집한 봉사자와 시범 운영, 그리고 개관식이 파노라마처럼 머릿속을 스쳐 지나갔다.

4부

마을,
학교와 만나다

기관장
선진지 탐방

홍동마을을 가다

　기관장 선진지 탐방은 2부에서 소개한 '기관장 릴레이 특강'을 가능하게 한 계기가 되었다. 계룡면에는 13명의 기관장이 있다. 그분들은 지역에서 가장 바쁜 사람들 가운데 속한다. 기관장님들의 릴레이 특강 참여와 동의를 얻는 과정이 쉽지는 않았다. 특강을 준비하고 학교에서 아이들을 만나야 하는 당위성에 대한 인식과 공감대가 부족했기 때문이다. '마을교육공동체'라는 말을 처음 들어본다는 분도 있었으니, 아직 갈 길이 멀다는 생각이 들었다. 무엇보다 마을교육공동체에 대한 기관장님들의 인식 변화와 공감대 확산이 중요했다. 우선, 면장님을 찾아가 기관장 전체를 대상으로 선진지 탐방을 추진하겠다고 상의드렸다. 그리고 3월 기관장 회의에서 마을교육공동체 선진지 탐방 계획을 말씀드리자 모두 좋아했다. 2018년 4월 26일로 일정을 확정하고 기관장님들과 함께 충남 홍성군 홍동읍 홍동마을로 선진지 탐방을 떠났다.

홍동마을은 전국에서 마을교육공동체가 가장 활발한 지역 중 한 곳이다. 당시 홍동중학교 김선호 교장 선생님은 우리를 정성스럽게 맞아 주셨고, '학교와 마을이 함께하는 교육과정 사례'를 소개해 주었다. 홍동초등학교, 홍동중학교, 풀무학교가 교육과정을 연계해 학생을 진정한 마을의 주인으로 자라게 한다는 말이 오래 기억에 남는다. 면의 행정력이 어떻게 학교를 돕고 있는지, 학교 시설이 마을주민에게 어떻게 개방되고 있는지 기관장님들의 질문이 이어졌다. 일종의 마을 안내소인 '마을활력소'에서 전체적인 안내를 받고 협동조합으로 운영하는 식당에서 점심을 먹었다. 그리고 근처 로컬푸드 매장, ㅋㅋ만화방을 둘러보고 지역의 힘으로 세워 주민이 운영하는 밝맑도서관에 갔다. 밝맑도서관은 박원순 전 서울시장이 휴가철이 되면 내려와 책을 읽던 곳으로도 잘 알려져 있었다. 작은 마을에 이런 대규모 도서관이 있고 편의시설이 갖춰져 있다는 것이 놀라울 따름이었다. 가는 곳마다 기관장님들의 호기심 어린 질문과 여기저기 탄식 소리가 들려왔다. 잘 모시고 왔다고 생각했다. 역시 백문불여일견(百聞不如一見)! 직접 보고 경험하니 깨닫는 게 확실히 달라 보였다.

경천마을을 생각하다

마지막으로 갓 구운 빵 냄새로 가득한 갓골 빵집을 방문했다. 차 한잔하면서 오래 걸어 피곤한 몸을 달래며, 기관장님들과 자연스럽게 보고 듣고 느낀 것을 나누기 시작했다. 면장님은 같은 면 지역이지만 가는 곳마다 깨끗하게 정비된 마을이 인상적이라며 부러워했고, 조합장님은 주민이 재배한 신선한 농산물을 저렴하게 판매하는 로컬푸드 매장이 좋았다고 하셨다. 계룡면에 있는 하나로마트 운영 방식의 개선이 필요하다고도 하셨다.

1 밝맑도서관을 둘러보는 기관장님들 2 느티나무 헌책방(무인 책방) 3 홍동중학교 김○호 교장 선생님
특강("마을과 함께하는 학교") 4 홍동마을을 방문한 기관장님들

나는 마을도서관을 만들고 싶다는 의지를 보였다. 주민의 힘으로 운영되는 제2의 밝맑도서관을 경천에도 만들 수 있도록 힘을 보태 달라고 했다.

　우리나라에서 가장 선진적인 마을교육공동체를 운영하고 있는 홍동마을 탐방을 마치며, 기관장님들의 안목이 한층 높아졌음을 느낄 수 있었다. 오랜 시간 동안 지역공동체의 노력으로 만들어진 홍동마을의 모습을 우리가 단시일 내 만들 수 없다는 걸 잘 알지만, 우리 지역의 특성과 자원을 고려해 계룡면에 맞는 모습을 하나씩 갖춰 나가야 한다는 데 모두 공감하는 듯했다. 한 번의 선진지 탐방으로 기관장님들의 머릿속이 얼마나 정리됐는지는 알 수 없었다. 하지만 첫발을 뗀 것은 분명했다.

늘품학교
1호 지정

아지트

마을도서관이 개관한 지 한 달쯤 되는 12월이었다. 아이들이 학교가 끝나면 꼭 한 번씩 들렀다 가는 것만 봐도 마을도서관을 좋아하고 있음을 알 수 있었다. 예전에 아이들이 찾던 '개미수퍼' 대신 마을도서관이 바빠진 것이다. 나도 퇴근할 때면 도서관에 들러서 아이들을 만나고 봉사위원께 고맙다고 인사드렸다. 도서관에서 책 읽고 숙제하는 아이가 늘었다. 푹신한 방석에 편하게 누워 독서 삼매경에 빠진 초등학생도 보였다.

"이렇게 추운데, 밖에서 떨지 않고 따뜻한 곳에서 버스를 기다릴 수 있게 마을도서관을 만들어 주셔서 감사합니다."

한 중학교 3학년 여학생이 지난 2년 동안 겨울이 되면 밖에서 버스를 기다리는 시간이 너무 추웠다며 내게 고맙다고 했다.

공간이 주는 의미는 참으로 대단하다는 것을 실감한다. 하루 종일 학교에서 공부하고 방과 후에는 좀 쉬고 싶지 않을까? 당연한 일이고, 쉰다

1. 독서 삼매경에 빠진 아이들
2. 마을도서관에서의 삶이 일상이 된 학생들
3. 주말에 마을도서관을 찾은 아이들

고 누가 뭐라 하지 않는다. 그런데 아이들은 교문 바로 앞 마을도서관에 오면 자연스럽게 이어폰을 귀에 꽂고 숙제를 꺼낸다. 아니면 책을 가져와 읽는다. 수업 시간에 떠들던 아이도 도서관에 들어오면 속삭이듯 말한다. 교실에서 '쿵쿵'거리며 뛰던 아이도 발뒤꿈치를 살짝 들어 조용히 걷는다. 길하나 건너 학교와 마을도서관이 있을 뿐이고, 학교에는 숙제하고 책 읽을 공간이 널렸다. 학교에서는 '강요'가 되고 도서관에서는 '자율'이 되나 보다. 도서관에 오면 공부하고 책 읽어야 한다는 걸 아는 걸까? 작고 소박한 마을도서관이 아이들에게 어떤 공간일까? 구석에 숨어서 편하게 놀며 공부할 수 있는 그들만의 작은 '아지트'는 아닐까?

간식의 유혹

방과후학교가 끝나고 들른 아이들은 버스를 기다리는 동안이 배가 고 플 시간이다. 예전에 어떻게 하면 마을도서관에 자주 오겠냐는 물음에 '간 식'이라고 대답한 학생이 적지 않았다. 나는 교장이 된 후 매달 25만 원의 업무추진비를 받고 있다. 매월 초, 그 금액만큼 간식을 구입해 마을도서관 에 보냈다. 학교 앞 마트에서 손쉽게 사 먹을 수 있는 간식은 아이들에게 새롭지 않고 매력적이도 않을 거라는 생각을 했다. 그래서 주말이면 세종 이나 대전에 있는 대형마트에 가서 시골에서 접하기 어려운 '신박한' 간식을 골고루 사 왔다. 배부를 정도는 아니지만 허기를 달랠 정도는 되었다. 간식 바구니가 가득 채워지는 날이면 아이들이 잔뜩 몰리곤 한다. 가끔은 아이 들이 간식을 좋아하는 건지 마을도서관을 좋아하는 건지 헷갈린다.

먹음직스러운 간식

학교주도형 늘품학교 1호

　공주행복교육지구는 '학교와 마을의 연계·협력을 기반으로 한 풀뿌리 자치문화 형성'을 목표로 한다. 마을도서관 개관 한 달이 지난 2018년 겨울, 교육장을 위시하여 교육청 장학사들이 마을도서관을 방문했다. 마을도서관을 '학교주도형 늘품학교 1호'로 지정하고 인증 현판을 전달한다는 것이다. 담당 장학사는 2019년까지 '늘품학교' 20호를 지정하는 게 목표라며, 가치 지향점이 뚜렷한 우리 마을도서관을 '1호'로 지정해 그 상징성을 높이고자 한다고 했다.

　교육장님은 경천중학교가 마을과 협력적 교육활동으로 마을교육과정 모델을 만들고 있다며 격려해 주셨다. 이어 '마을도서관@경천'은 "아이들이 배움을 즐기며 성장하는 공간이자 마을과 함께 아이들을 돌보고 키우는 공간"이라고 하셨다. '늘품학교 1호'로서의 기대와 당부의 말씀도 하셨다.

늘품학교 1호 지정 팻말

"공주행복교육지구의 대표 모델로서 '늘품학교 1호'로 지정하는 것은 큰 의미가 있습니다. 앞으로도 마을교육의 확산과 정착에 힘써 주세요."

'늘품학교 1호' 지정 소식에 공주시 학교운영위원장협의회에서 도서 구입비를 전달해 왔다. 협의회에서는 수년째 '희망나눔 일일찻집'을 열고 수익금 전액을 공주시 학생에게 장학금으로 전달하는데, 그중 도서구입 기금을 마을도서관에 별도로 전해 왔다.

마을도서관을 개관하자마자 전혀 예상하지 못했던 '늘품학교 1호'와 '도서구입 기금'이라는 행운이 찾아왔다. 이제 겨우 한 달, 앞으로 학교와 마을을 잇는 주도적인 역할을 하게 될 마을도서관의 흥미진진한 이야기가 기대된다.

마을도서관
그리고 학교

'허락된 일탈'을 꿈꾸다

12월에 치르는 학기말 고사가 끝나면 겨울방학이 시작되는 1월 첫 주까지 '학기말 학사운영'을 한다. 학기말 고사를 마치면 겨울방학 전까지 짧게는 2주에서 길게는 한 달을 보내기도 한다. 이 기간에는 학기중에 실시하지 못했던 행사나 체험학습 같은 탄력적인 교육과정을 운영하는 게 일반적이다. 예컨대, 꿈·끼 탐색주간, 진로활동, 현장체험활동, 교내 행사활동, 상담활동을 중심으로 내실 있는 교육과정을 운영한다. 우리 학교는 2월 개학일과 봄방학을 없애고 1월 초까지 수업일수를 채워 종업식과 졸업식을 한 날 같이 진행한다. 대신 학생들은 2월 말까지 중간 등교 없이 긴 방학을 누릴 수 있다.

길고 지루한 12월이 즐겁고 신날 수는 없을까? 12월은 전 세계 사람을 설레게 하는 크리스마스가 기다리고 있다. 어떤 나라는 크리스마스 앞뒤로 2주간 방학을 주기도 하고, 또 어떤 나라는 크리스마스 파티를 한 달

동안이나 한다. 학사일정을 보니 12월 12일(수) ~ 14일(금)이 정기고사 기간이고, 그다음 주 금요일(21일)에 아이들과 크리스마스 파티를 미리 하면 좋겠다는 생각이 들었다. 그럼 최소한 파티를 준비하고 기다리는 한 주는 아이들이 즐거울 것이 아닌가!

나는 담당교사와 천 관장님을 만나 크리스마스 파티를 열어 아이들에게 즐거운 시간을 만들어 주고 싶다는 마음을 전했다. 그날 우리가 크리스마스 파티를 열기로 하며 협의한 내용을 정리해봤다.

1. 파티 장소는 마을도서관으로 한다.

2. 파티 시간은 오후 4~7시

3. 정규수업 이후 행사이니 희망자를 대상으로 한다.(부모님 동의서 제출)

4. 많은 학생의 참여를 위해 귀가차량을 제공한다.

5. 파티 이름은 '미리 크리스마스'로 한다.

6. 1부는 <위대한 쇼맨> 영화 상영, 2부는 춤추고 노는 파티로 한다.

7. 학교에서 간식(김밥, 컵라면, 샌드위치)을 준비한다.

8. 파티 기대감을 높이기 위해 참여 학생은 과자 두 봉지와 자신의 음료수를 준비한다.

9. 마을도서관 운영위원은 학생에게 간식을 나눠주고 파티 중 학생을 돌본다.

10. 담당 교사는 영화상영, 노래방 기계, 신나는 음악을 준비한다.

이런 파티를 한 번도 해보지 않았다며 생소한 파티 소식에 참여를 망설이는 학생이 많았다. 그래서 나는 학생자치회가 나서도록 했다. '미리(앞세) 크리스마스를 즐기자'는 의도를 홍보하기 시작했다.

"부모님의 동의를 받으면 귀가차량으로 집까지 데려다준다. 라면, 게임, 춤 '허락된 일탈'이 가능하다. 어른의 간섭이 없는 우리만의 시간이다."

그러자 금세 신청자가 늘어 전교생의 절반이 넘었다.

미리 크리스마스!

12월 21일 금요일, 우리는 신나는 '미리 크리스마스' 파티를 열었다. 파티장에 입장하는 아이들 손에는 과자와 음료수가 들려 있었다. 모두 준비된 의자에 앉자 영화가 시작됐다. 신나고 경쾌한 뮤지컬 영화 덕분에 크리스마스 분위기가 한껏 살아났다. 영화가 끝나자 간식을 먹으며 허기진 배를 달랬다. 역시 컵라면이 최고 인기였다. 자연스럽게 2부를 시작하면서 노래 부르는 아이, 춤추는 아이, 와이파이를 연결해서 게임을 하는 아이, 그야말로 '자유'의 시간이었다. 학생회장의 말대로 공식적으로 '허락된 일탈'이 그들에게 희열을 주었으니, 어쩌면 '해방'이라는 말이 더 맞는지도 모르겠다. 어느덧 7시, 아이들은 아쉬움을 뒤로 한 채 귀가차량에 몸을 실었다. 먹고 남은 음식과 쓰레기를 치우며 뒷정리를 하는 운영위원들이 눈에 들어왔다.

"집에 오면 방에 들어가 나오지도 않던 아이였는데, 제 딸이 이토록 신

학생회가 만든 미리 크리스마스 참여자 모집 홍보 안내문(왼쪽)과 크리스마스 분위기 나는 영화 상영

나게 노는 걸 너무 오랜만에 본 것 같아서 저도 즐거웠어요."

나와 눈이 마주친 한 운영위원이자 학부모님의 말씀이다. 그러고는 말씀하신다. "이런 뒷정리는 아무것도 아니에요. 즐겁게 할 수 있어요."

파티가 아이들만 즐겁게 해준 게 아니었다. 즐거워하는 딸을 보며 더 행복했다는 어머니의 말씀을 들으니, 나도 어머니도 아이들도 모두 행복한 시간이었다.

마을도서관 1주년

청명하고 시원한 바람이 부는 반가운 가을이 돌아왔다. 해마다 기온과 계절이 바뀔 때 느껴지는 특유의 향기에 설레게 되는 건 어쩔 수 없는 노릇인가 보다. 좋아하는 책 한 권 옆구리에 끼고 어디든 떠나고 싶어진다.

마을도서관에서 책과 함께 보낸 시간이 어느새 1년이 되어가고 있었다. 도움을 주신 분, 꾸준히 이용해 주신 분, 봉사로 애쓰신 운영위원과 개관 1주년을 기념하고 싶었다. 마음 같아서는 화창한 가을 토요일에 책 향기 가득한 '북스테이(book stay)'에 모두 초대하고 싶었다. 마당에 돗자리를 깔고 누워 책 읽는 아이, 감명 깊게 읽은 책 저자와 마주하는 부모, 아침을 여는 따뜻한 커피와 차 한 잔의 여유, 가족이 손잡고 거니는 마을 산책을 생각하니 상상만으로도 행복했다.

하지만 현실을 돌아보니 그럴 수 없는 환경의 제약이 있음을 깨달았다. 우선 가족 단위로 초대하기에 마을도서관 공간이 협소했고, 한 공간에서 밤새 '스테이(stay)'한다는 건 가족의 프라이버시를 존중하기 어려웠다. 간단하게 씻고 아침을 준비하려면 학교를 이용해야 했다. 이상과 현실이 이렇게 다르다니, 무척 아쉬웠다.

개관 1주년 행사를 놓고 운영위원과 협의해 밤샘 '스테이' 없는 '북스테이'로 계획을 변경했다. 우리는 화창한 가을을 만끽할 수 있는 토요일을 행사일로 정하고, 희망하는 중학생을 대상으로 책 문화 프로그램을 운영하기로 했다. 그날 하루만큼은 지친 엄지손가락을 위해 '스마트폰을 쉬게 하자'는 데 모두 공감했다.

북스테이

'소소마켓' 버스킹(busking) 공연에 공주대학교 그룹사운드 동아리를 섭외해 준 인연이 있는 공주시 청소년 문화콘텐츠 연구소와 연락이 닿았다. 이분들은 공주대학교를 졸업한 후 고향으로 돌아가지 않고 공주에 남아 청소년 문화 창조에 힘을 쏟고 있었다. 나는 이분들을 학교로 초대하고, 천 관장님, 담당 교사와 함께 '북스테이' 운영 방식과 프로그램에 대해 의견을 나눴다. 연구소 청년들은 최근 유행하는 청소년 문화를 잘 알고 있었고, 그들이 제안하는 최근 청소년 트렌드를 중심으로 이야기를 이어나갔다. 여러 논의 끝에 아이들이 좋아할 만한 콘텐츠를 담아 1부 '여행작가 특강', 2부 '박 퀴즈 온 더 블록', 3부 '책 펴고 트랄랄라'로 구성하기로 했다.

오전 1부 행사는 공주 출신 여행작가 박종찬의 '내 인생을 바꾼 세 권의 책'을 소개하는 시간이었다. 학생만 있는 게 아니라 운영위원(학부모), 선생님들과 교장도 한자리에 있으니 부담스러울 만도 한데 유쾌하고 자연스러운 진행이 인상적이었다. 청소년에게 진정으로 소개하고 싶은 책이 있고, 그것이 적어도 자신의 인생을 변화시켰다는 분명한 메시지를 전했다. 진정성 있는 특강이 그 자리에 있던 모두를 동화시켰다. 박 작가의 특강 중 기억에 남는 내용이 있다.

마을도서관@경천 개관 1주년 기념 북스테이
1. 공주 출신 여행작가 박종찬 특강 2. '책 펴고 트랄랄라' 노랫말 개사하기
3. 비트에 맞춰 노래하는 아이들 4. 아쉬워하는 아이들과 기념촬영

    박 작가는 초, 중, 고, 대학교를 모두 공주에서 나온 '오리지널 공주 토박이'라고 자신을 소개했다. 이어 대학교는 서울로 가고 싶었는데 소위 '인 서울'에 실패했다며 웃음을 지었다. 학창 시절 내내 내성적이고 소극적인 성격 때문에 교우 관계나 수업 활동에 큰 어려움을 겪었다는 이야기도 했다. 그래서 더욱 서울로 대학을 가서 '큰물'에서 지내고 싶었다는 것이다.

    박 작가는 '인 서울'에 실패하고 해외로 여행을 떠나면서 가지고 간 세 권의 책을 소개했다. 해외여행을 하는 동안 가져간 책을 틈틈이 읽으면서 국가와 '나' 자신이 얼마나 소중한 존재인지 깨닫게 되었고, 결국 이 책이 박 작가의 인생을 바꿨다는 것이다. 그 예로 자신의 대학교 생활의 변화를 들었다. 공주대학교에 진학해 소심했던 성격을 극복하고자 학생회 일을 시

자하게 되었고, 결국 학생회에서 리더 역할을 할 만큼 진취적인 성향으로 변했다는 것이었다. 박 작가는 10년 동안 24개국을 여행하면서 깨달은 것을 정리해 여행 에세이 책을 펴냈고, 깨달은 내용도 함께 소개했다.

"나는 '인 서울'에 실패한 게 아니라 공주에 남아 공주 사람으로 자부심과 자긍심을 키우며 나를 사랑한 덕분에 지금 여러분 앞에 여행작가로 서게 됐어요. 여러분은 세상에 하나뿐인 소중한 존재입니다. 지금 작은 마을에 살지만, 이 마을이 여러분으로 인해 발전하는 모습을 상상해보세요. 그러기 위해서는 먼저 지금 사는 곳을 사랑하면 좋겠어요."

'애교심, 애향심, 자긍심, 자존감, 지속 가능한 마을', 내가 지향하는 마을교육 철학을 대변이라도 하듯 속 시원한 마무리 말씀이 오래 기억될 것 같다.

마을도서관
그리고 마을

대가 없는 봉사는 없다!

12명의 운영위원이 순번을 정해 마을도서관을 맡아주신다. 오후 3~7시까지 하루 4시간을 마을도서관에서 아이들과 보낸다는 게 결코 쉬운 일이 아님을 알기에 더 큰 감사가 있다. 그래서 나는 특별한 일이 없는 한 퇴근길에 마을도서관에 들르곤 했다. 고맙다는 말씀도 전하고 불편한 점은 없는지 늘 여쭸다. 어느 날 운영위원 중 한 분이 말씀하셨다. "교장 선생님, 주말에도 매일 여기로 출근하시는데 집에는 언제 들어가세요?" 내가 매일 얼굴을 비추는 것이 좋았던지 농담으로 하신 말이었다.

이분들이 생업 전선에서 얼마나 고단한 하루를 보내셨을지 미루어 짐작할 수 있었다. 그런 가운데 스스로 당번을 정해 마을도서관을 지키자고 뜻을 모으고, 하교 후 오갈 데 없는 아이들을 반갑게 맞아 주시니 얼마나 감사한가! 그래서 그런 수고와 노력에 '대가'를 드리고 싶었다. 교육청에서 지원받은 예산과 운영 규정을 살펴보던 중, 운영위원들을 봉사위촉직으로 임명하면 소정의 봉사료를 드릴 수 있다는 사실을 알았다.

언젠가 '봉사는 대가 없는 희생'이라는 제목의 미담 기사를 본 적이 있다. 하지만 봉사에 대한 나의 소신은 다르다. '대가 없는 봉사는 없다'는 것이다. 봉사의 가치를 물질로 환산할 수는 없지만, 대가는 작지만 고마움의 표현이자 책임감 있는 봉사의 시작이라고 생각한다.

인문학 특강과 함께한 송년회

담당 교사가 시범 운영을 시작한 날부터 사서봉사자 출근부를 만들어 놓은 덕분에 여태까지의 활동을 소급해서 봉사료와 감사의 마음을 담은 위촉장을 드리기로 했다. 당시 운영위원이 열 명이 넘는데 생업으로 바쁜 분들이 많아, 위촉장을 드릴 테니 모이시라고 할 수는 없었다. 그렇다고 성의 없이 명예 관장님께 전달해달라고 할 수도 없었다. 좋은 방법이 없을까 곰곰이 생각하던 차에 아이디어가 떠올랐다. 곧 연말연시이고 마을도서관에서 인연을 시작했으니 마을도서관에서 송년의 정을 나누며 새해를 맞이하면 좋겠다는 생각이 들었다. 나는 마을도서관 송년회를 열 테니 부부가 함께 오셔도 좋고 아이를 데리고 오셔도 좋다고 했다. 그러자 천 관장님이 "각자 음식을 조금씩 준비해 오면 풍성한 잔치가 될 거예요."라며 포틀럭 파티(Potluck Party)[3]를 제안했다. 나는 마음의 양식도 채울 겸 좋은 작가를 초청해 인문학 특강을 준비하겠다고 응대했다. 이제 자연스럽게 위촉장을 전해드릴 시간도 마련된 셈이다.

송년회 인문학 특강 강사로 『독서로 말하라』 저자 노충덕 작가를 초청했다. 경천중학교 졸업생으로 오랫동안 교직에 몸담고 있다가 퇴직 후 프리랜서 작가로 활동 중인 분이다. 고향이 경천이고 노모께서는 지금도 경천

1 경천마을 출신 작가 초청 송년회 인문학 토크
2 포틀럭 파티 음식
3 송년회 분위기를 띄우는 와인

에 살고 계셔서 자주 마을에 온다고 하셨다. 독서는 모든 학문의 기본이자 완성이라며 자녀의 독서 지도법뿐 아니라 성인 독서법에 대해서도 '꿀팁'을 알려주셨다. 특강이 끝나자 해는 이미 지고 어둑해졌다.

참석한 분들이 각자 준비한 음식을 커다란 책상에 올리기 시작했다. 마을도서관에는 개수대와 화장실이 없다고 했다. 그래서 현명한 운영위원들이 물을 쓰지 않아도 되는 핑거푸드(finger food)[4] 위주로 음식을 준비해

---

3) 각자 자기 음식을 가지고 오는 파티.(출처: 네이버 영어사전)

4) 젓가락이나 포크 따위의 도구를 사용하지 않고 손으로 집어 먹는 음식을 통틀어 이르는 말.(출처: 네이버 어학사전)

온 것에 놀랐다. 김밥, 샌드위치, 빵, 케이크… 내가 준비한 와인도 분위기를 내는 데 한몫했다.

식사하기 전에 감사의 인사를 하고, 한 분 한 분께 정성스럽게 위촉장을 전해드렸다. 이어 한 명씩 돌아가면서 소회를 나누자 여기저기서 박수가 터져 나왔다. 모두가 수고했고 밝은 새해를 맞이하자는 의미로 다 같이 박수를 했다. 한층 더 가까워진 기분에 나도 운영위원도 더 열심히 하겠다는 각오를 눈빛에서 읽을 수 있었다.

어르신 영화 나들이

매주 일요일 오후에는 '경천 시네마극장'을 운영했다. 동네 아이들과 교회 예배를 마친 아이들이 주 고객이었다. 일요일 오후 1시가 되면 이 골목 저 골목에서 아이들이 나타나자 영화를 보여준다는 소문이 나기 시작했다.

2019년 1월 매서운 한파가 몰아치던 어느 날, 노인회장님이 마을도서관으로 찾아오셔서 천 관장님께 노인들에게도 영화 보여줄 수 있느냐고 부탁했다는 말을 들었다. 그즈음 새해 인사 겸 노인회장님을 뵐 일이 있어 노인회관을 찾아갔다. 노인회장님과 대화가 끝날 무렵 "우리 노인들도 영화 좋아해요." 하며 진담 섞인 농담을 건네셨다. 그냥 웃고 넘길 일은 아니었다.

마을도서관이 아이들만을 위한 공간이 아닌데 왜 진작 그 생각을 못 했을까! 그래서 운영위원님들과 상의하면서 새해를 맞아 '어르신 영화 나들이'를 준비하기로 했다. 어떤 영화가 좋을지 노인회장님께 살짝 여쭤봤다.

"우리는 그저 불러주는 데가 있다는 게 좋지요. 노인들이 콧바람 쐰다는 생각으로 오실 테니 부담 갖지 마시고… 우리 나이의 배우가 나오는 영화면 더 좋지요."

어떤 영화가 보고 싶은지 여쭌 내가 바보였다. 평생 농사꾼으로, 농사꾼의 아내로 사신 분들이 영화를 얼마나 보셨겠는가. 불러주는 게 좋고, 갈 데가 있으니 좋고, 할 게 있으니 좋다는 말씀이라는 걸 뒤늦게 깨달았다.

어르신들이 많이 오실 수 있는 토요일로 날짜를 정하고 마을도서관으로 오시도록 안내했다. 노인회장님이 홍보를 많이 하셨는지, 오후 2시에 시작할 예정이었지만 1시에 이미 자리의 절반 이상이 찼다. 나와 운영위원들은 마음이 급해졌다. 이렇게 일찍 오실 줄 몰랐는데 한 시간 동안 무엇을 하면 좋을지 서로 눈치만 보고 있었다. 그때 운영위원 중 한 분이 앞으로 나가 어르신들의 시선을 끌었다.

"어르신들, 일찍 오셨네요. 좀 기다리셔야 해요. 그동안 저를 따라서 해보세요. 몸이 좀 풀릴 거예요."

학부모이자 초등학교 교사인 운영위원이었다. '전공'을 살려 어린아이 달래듯 쉽고 천천히 몸풀기 체조를 인도했다. 그럭저럭 시간이 지나 자리가 꽉 찼다. 의자 50개를 준비했는데 모자라서 급히 학교에서 10개를 더

'어르신 영화 나들이' 홍보 안내지(왼쪽)와 어르신들로 가득찬 영화 나들이

가져다 놓아야 했다. 2시가 되려면 아직 10분도 더 남았지만 시작하기로 했다. 나는 어르신들께 천 관장님과 운영위원들을 소개해 드렸다. 운영위원들은 정성껏 준비한 떡, 귤, 사탕 등을 담은 간식 봉투와 따뜻한 음료를 대접해 드렸다.

배우 박근형과 윤여정이 등장하는 가슴 뭉클한 가족영화 〈장수상회〉를 상영했다. 영화가 시작되자 "저 사람 저기 아녀?", "그려, 박근형이랑 윤여정이구만!" 옆에 앉은 분들과 소곤대는 소리가 들렸다. 나도 이미 본 영화지만 웃고 우는 사이에 영화가 끝났다. 불을 켜자 촉촉하게 눈시울을 적신 사람이 나만은 아니었다. 이미 천국에 계신 배우자를 그리워하는 분도, 황혼의 사랑이 행복한 노부부도 그랬던 모양이다.

자주는 아니더라도 '어르신 영화 나들이'가 꾸준히 이어지면 좋겠다.

운영위원의 전문성을 고민하다

운영위원의 전문성과 교육력을 높이는 일은 중요하다. 마을도서관이 학교를 모태로 하고 있지만, 중장기적으로는 마을에서 운영해야 한다. 그런 차원에서 보더라도 운영위원의 성장은 필수적으로 챙겨야 할 일이다.

학교가 긴 동면(冬眠)에 들어간 덕분에 운영위원들은 분주했던 시간을 뒤로하고 잠시 숨 고르기를 하고 있었다. 나도 바쁜 1년을 보내고 겨울방학을 맞이하면서 장차 마을도서관을 이끌어 갈 운영위원들의 전문성과 교육력을 어떻게 하면 높일 수 있을지 고민 중이었다. 궁리 끝에 운영위원들을 모시고 인근 지역의 마을도서관을 다녀와야겠다는 생각을 하게 됐다.

충청도와 대전권에서 마을도서관(작은도서관) 운영을 잘하고 있는 곳을 수소문했고, 청주와 대전에서 한 곳씩 찾을 수 있었다. 소개하자면, 청주

'초롱이네 도서관'은 20년 역사를 거쳐오며 지역 문화의 중심지로 자리 잡은 안정적인 작은도서관이고, 대전 '꿈샘 마을도서관'은 아파트 단지 안에 있는 작은 공간에서 모이다가 상가 건물을 임대해 보다 넓은 공간에서 운영하고 있는 사례다. 시간 개념상 상반되는 도서관을 탐방지로 선정한 데는 이유가 있었다. 우리처럼 걸음마 단계에 있는 꿈샘 마을도서관 운영진이 겪고 있는 문제는 무엇이며 어떻게 해결하고 있는지를 배우고자 했으며, 지역의 중심으로 자리 잡은 초롱이네 작은도서관이 지역 문화를 어떻게 선도하고 있으며 어떤 역할을 하고 있는지를 직접 확인하고 싶었다.

첫걸음 뗀 꿈샘 마을도서관

12명의 운영위원님들과 대전 꿈샘 마을도서관을 먼저 방문했다. 유니폼처럼 앞치마를 두른 서너 분의 운영진께서 반갑게 맞아 주셨다. 서현주 관장님이 환영 인사와 함께 설립 과정을 자세히 설명해주셨다. 2017년에 '꿈이 있는 북카페'를 만들어 책 문화 행사를 하면서 주민 사이에 연결고리가 생겼고, 2018년에 단지 앞 상가 건물을 임대해 본격적인 마을도서관 만들기가 시작됐다는 것이다. 이제는 엄마들이 자발적으로 운영하는 도서관으로 작은극장, 꿈샘 구멍가게, 만화방, 북콘서트, 마을축제, 어른을 위한 책다방을 운영하고 있었다. 현재는 임대료와 운영비 마련을 위해 정기 후원자 모집에 온 힘을 쏟고 있다는 말이 기억에 남는다. 엄마들이 모여 무료 봉사로 마을도서관을 만들어가는 헌신적인 모습 이면에 회비를 걷어서라도 운영해야 하는지 고민하고 있다는 것은 우리에게도 시사하는 바가 컸다. 열악한 환경에서도 동네 아이들을 같이 키워보자는 엄마의 마음으로 여러 어려움을 극복했다는 사례를 들으면서 남 이야기 같지 않다는 생각을 했다.

이에 비하면 우리 마을도서관은 여건이 좋은 편이라는 생각을 하게 됐다. 학교에서 임차료와 운영비를 지원하고, 자발적으로 봉사해 주시는 운영위원이 많다는 사실에 감사했다. 무엇보다 학교에서 적극 협력할 준비가 돼 있고, 마을이 아이들 교육에 관심을 보이기 시작했다는 게 얼마나 다행스러운 일인가!

20년 역사, 마을의 중심 초롱이네 도서관

다음은 청주 초롱이네 도서관을 방문해 오혜자 관장님께 특강을 청해 들었다. 1999년 아이를 낳아 키우면서 아파트 거실에 작은 책 공간을 만들고 '초롱'이라는 딸아이의 친구들을 불러 모은 〈초롱이네 집〉이 작은 도서관의 시작이라며 운을 뗐다. 이제 '초롱'이는 청년이 되었지만, 공공도서관이 없던 시절 주민들의 요청으로 20년째 작은도서관을 운영하고 있다는 말이 기억에 남았다. 이후 관장님께서는 지역에 공공도서관, 기적의 도서관, 어린이 도서관이 세워질 때마다 힘을 보태왔다고 하셨다.

1층은 수천 권의 어린이 책이 갖춰져 있고, 2층은 북카페와 세미나 공간을 활용해 워크숍과 세미나, 동아리 활동을 한다고 도서관을 소개해 주셨다. 3층은 10~15명이 북스테이를 할 수 있는 방과 화장실, 부엌이 있었다. 그림책 작가 초청 강연, 세밀화 모임, 찾아가는 도서관, 책 읽어주기, 가을동화잔치, 글쓰기 강좌, 작은 극장, 전래 놀이 같은 정기 프로그램을 운영하는 사례도 자세히 설명해주셨다. 특히 인근 목공 공방과 연계하여 목공예품을 전시하고 판매하면서, 공방 수익금의 일부를 도서 구입비로 지원받고 있다는 정보는 참고할 만했다. 책이 상하면 여러 사람이 볼 수 없으니

한 권 한 권 포장한다는 노하우도 전해 들었다. 우리 마을도서관이 나아
갈 방향이 보였다.

도서관과 책문화 활성화를 위해 힘을 보태는 일부터 시작하자. 그러
면 사람이 모이고 지혜가 생길 것이다. 아이들의 교육과 성장을 학교와 마
을이 함께 논의하는 시간이 곧 다가올 것이다.

(왼쪽) 초롱이네 도서관 오혜자 관장님과의 대화 (오른쪽) 꿈샘마을도서관 방문 기념 촬영

마을의 시선으로 본
소소마켓

2부에서 소개한 소소마켓(2019년 5월)이 교육과정 관점에서 풀어낸 이야기라면, 여기서는 마을교육공동체 관점으로 살펴보고자 한다.

이 행사는 학교가 주관하는 작은 마을축제였으며, 마을도서관 운영위원의 적극적인 협력 덕분에 행사를 성공적으로 치를 수 있었다. 운영위원은 모두 생업이 있어 퇴근 후에야 마을도서관 운영에 동참할 수 있었다. 상황이 이렇다 보니 운영위원이 전적으로 마을 행사를 기획하고 추진하기에는 시기상조였다. 그래서 학교에서 주도하게 되었지만, '소소마켓'은 마을도서관 운영위원의 협력이 없었다면 개최할 수 없었을 만큼 그분들이 큰 역할을 해주셨다. 예산을 집행하고 체계를 잡는 행정 업무는 학교에서 추진했고, 실제로 축제를 끌어갈 '행동대장' 역할은 운영위원이 맡아주신 것이다.

운영위원은 여러 차례 회의를 열어 체험 부스, 판매부스, 벼룩시장으로 역할을 분담해 책임지고 운영하기로 했다. 체험 부스 운영팀은 다육식물 심기, 초콜릿 토핑, 석고방향제 만들기, 캘리그라피 쓰기를 준비했다. 평

1. 소소마켓 운영위원
2. 바자회 물품을 판매하는 운영위원
3. 운영위원들이 만든 수제물품

생학습 프로그램에서 배운 재능을 기부하는 형식이었다. 마을도서관에는 개수대가 없어 물을 사용할 수 없기에 사전 준비를 위해 학교 미술실을 사용하겠다는 요청이 있었다. 퇴근 후 늦은 밤 학교에 모여 체험 재료를 준비하는 정성 가득한 손길이 감사할 따름이었다.

판매부스 운영팀은 먹을거리(아이스크림, 레몬에이드, 오뎅, 수제 딸기잼, 수제 레몬청, 석갈비)와 전시 물품(목공예품, 석고방향제, 캘리그래피 작품) 판매 계획을 세웠다. 방문자의 동선을 고려한 먹을거리 부스 배치부터 넓은 전시 장소 선정에 이르기까지 입체적으로 논의했다. 방문자의 연령대와 특성을 고려해 적정한 가격을 정하고 '1+1' 이벤트로 방문자의 구미를 당기는 행사도 준비했다.

벼룩시장 운영팀은 바자회 물품을 모아 종류별로 정리하고 판매 가격을 정하는 일을 맡았다. 대부분의 현장 방문자가 '큰돈'으로 계산할 것을 대비해 천 원짜리 잔돈을 많이 준비해 두기도 했다. 행사 종료 후 팔시 못한 물품을 기부할 장소도 물색을 마쳤다.

이 정도면 마을도서관 운영위원이 다 했다고 봐야 한다. 이번 경험을 통해 운영위원이 한층 성숙하는 기회가 되었다고 확신하게 되었으며, 내년 행사는 이분들이 주체적으로 추진할 수 있다는 가능성을 보았다.

마을도서관
그리고 평생학습

평생학습 첫걸음

겨울방학 동안 오후 5시가 되면 마을도서관은 문을 닫는다. 해가 짧아 일찍 어두워져서 5시 이후에는 아이들이 돌아다니지 않는다. 하지만 운영위원에게는 조금 다른 얘기다. 그제야 일을 마치고 모일 수 있는 여유가 있다며, 아이들 없는 조용한 저녁시간에 무엇이라도 배우고 싶다는 이야기가 나왔다. 나는 운영위원들의 전문성과 교육력을 키우기 위해 무엇을 해야 할지 고민하고 있었기에 '평생교육에 대한 갈증'은 반가운 소식이었다. 천 관장님을 통해 그분들이 무엇을 배우고 싶어 하는지 알아보니, 글씨 쓰며 힐링(healing)하는 캘리그래피를 배우고 싶다고 했다.

나는 공주시 평생학습 인력풀에서 바로 수업이 가능한 강사를 찾아 계약을 하고, 2주 동안 주중에 매일 2시간씩 수업을 개설했다. 다소 경직된 가운데 자음과 모음 쓰기 연습으로 첫 수업을 마친 운영위원들의 기대와 만족이 생각보다 높았다. 가끔씩 들러 수업하는 모습을 봤는데, 여유

(왼쪽) 캘리그래피 수업에 참여한 주민과 운영위원 (오른쪽) 캘리그래피 작품 전시

있는 손놀림과 기계로 찍어낸 듯 일정한 손글씨가 제법 전문가처럼 보였
다. 캘리그라피로 멋스럽게 쓴 엽서, 연필꽂이, 전시품을 한데 모아 얼마간
전시를 했다. 이 작품들을 그대로 돌려보내기에는 너무 아쉬워서 더 많은
사람이 감상할 수 있게 하자는 취지였다. 한 가지 중요한 사실은, 이렇게
배운 캘리그래피 실력이 이후 소개할 벽화타일 그리기에서 큰 역할을 하게
되었다는 점이다.

　첫 번째 평생학습은 성공적이었다. 더 길고 다양한 프로그램을 운영
하고 싶었지만, 예산과 일정상 어려움이 있었다. 차후 충분한 협의를 거쳐
체계적인 계획을 세운다면 더욱 풍성한 평생학습 운영이 가능하리라는 확
신이 들었다.

　첫술에 배부르랴. 교육의 결실을 봤으니 그리움이 찾아올 게다.

평생학습 프로그램 활성화

　　2015년 9월, 공주시 공립 작은도서관 4호인 '계룡책향기 작은도서관'
이 계룡면 주민자치센터에 개관했다. 85㎡의 열람실에 24석의 열람석과
2,100여 권의 책을 소장하고 있는 아담한 도서관이다. 2018년 11월 개관한
마을도서관@경천보다 3년이나 앞서 운영한 '책문화 공간'이다. 계룡면에서
는 명예 관장을 위촉하여 운영하고 있었으며 책 친구 프로그램, 작가 강연
을 중심으로 운영하고 있었다. 최근에는 다문화 가족 프로그램이 특화되
고 있었다. 이 도서관은 면 소재지에 있어 주민의 접근성과 이용이 편리하
다는 장점이 있다. 그런데 환경과 여건이 훌륭한 데 비해 운영이 활성화되
지 못하는 듯했다. 명예관장을 위촉했지만 운영에 대한 책임이 없고, 특히
상주 근무자가 없는 것이 문제[5]로 보였다. 상주 근무자 대신 면사무소 직
원이 도서관 시설을 관리하는 수준에 그쳤다. 6시 퇴근과 동시에 자연스럽
게 도서관 문을 닫아야 했다.

　　2019년 2월 신학기를 앞두고 공주시청 평생교육과에서 '읍면동 평생
학습 프로그램' 운영 장소를 구한다는 연락이 왔다. 계룡책향기 작은도서
관에는 상주 직원이 없고 공간이 협소해 프로그램 운영에 어려움이 있다
는 것이다. 이 소식을 듣고 천 관장님은 마을도서관에서 평생학습 프로그
램을 운영하면 좋겠다는 말씀을 하셨다. 지역 교육력 제고 차원에서 2018
년에 시도한 평생학습을 보다 전문적으로 확대하려는 계획이 있었는데 잘
됐다는 생각이 들었다. 긍정적으로 논의를 마치고 학교와 마을도서관이

---

5) 계룡면사무소 주민자치센터에 도서관이 있으며, 지역주민을 명예 관장으로 위촉하고 면사무소 직원이 업무를 담당
　하고 있다. 상주 직원이 없어 프로그램 참가자 모집 등 제반 환경을 관리할 여력이 없었다.

협력해 학생과 주민을 위한 평생학습의 장을 만들기로 했다. 시청 관계자는 계룡면에 적당한 장소가 없어 고민했는데 다행이라며 안도하는 모습이었다.

우리는 2019년을 학교와 마을이 함께하는 평생학습 원년의 해로 삼아 경천마을교육공동체를 활성화하기로 각오를 다졌다. 다음에 이어지는 이야기는 2019년 1년 동안 마을의 아이부터 어른까지 함께 배우고 성장한 평생학습 운영 사례다. 이 기간 동안 학교와 마을이 상호협력하면서 공동체성을 발전시켜 나가는 모습도 보게 될 것이다.

2019 평생학습 프로그램 (전반기)

평생학습 원년의 해

우리는 2019년을 평생학습 기반으로 학교와 지역의 교육력을 높이는 원년의 해로 삼았다. 공주시청에서 지역주민의 수요를 듣기 위해 천 관장님과 상의를 시작했다. 우리 마을의 학부모, 지역주민, 학교의 의견을 종합해 마침내 전반기 프로그램을 확정했다. 요일별 운영 프로그램을 살펴보니 대상자가 어린이에서 성인까지 다양해서 좋았다. 그중에서 자녀와 부모가 함께 참여하는 보태니컬 아트와 기초드로잉 수업이 눈에 들어왔다. 특히 그림책놀이지도사 자격과정(2급)은 신청자가 모집 정원(10명)을 초과해 대기자가 발생할 정도였다는 후문(後聞)도 있었다.

나는 20년 가까이 한 학교에 근무하면서 이 지역을 잘 안다고 생각했다. 그런데 온 마을 발표회와 소소마켓에 다녀간 수백 명의 사람들이 어디서 왔는지 도무지 알지 못했다. 스토리 벽화타일을 붙이는 날에도 비슷한 경험을 했다. 주말 한가한 오후 시간인데 도로를 지나는 차가 어찌 그렇게

도 많던지. 그냥 지나치지 않고 창문을 내려 천천히 구경하며 지나가는 마을 사람이 많았다. 어떤 사람은 차를 세우고 다가와 뭘 하냐고 물으며 한참을 구경하다 가기도 했고, 어떤 사람은 자기 사업장에도 벽화를 그려 줄 수 있냐며 명함을 건네기도 했다. 평생학습 프로그램 수강자 모집에서도 마찬가지였다. 작은 마을에서 신청자가 뻔할 것이라는 나의 예상을 완벽히 벗어난 것이다. 외진 마을에서 카풀을 해서라도 참석하겠다는 사람, 듣고 싶은 수업이 개설되었다며 시내에서 30분씩 운전해 들어오는 사람도 있었다. 이렇게 개설된 강좌의 정원을 모두 채워 평생학습 '원년의 해'를 순조롭게 시작하게 되었다.

전반기 프로그램 확정

월요일과 화요일은 아이들이 자유롭게 마을도서관을 이용할 수 있도록 별도의 프로그램을 개설하지 않았다. 수요일 오후에는 초등학생 수학보드게임 수업이 있고, 그 수업이 끝나는 4시쯤은 중학생들이 하교하는 시간이다. 중학생들이 마을도서관에서 놀다가 집에 가는 6시가 되면 그림책놀이지도사 자격 과정(2급)이 시작된다. 목요일은 자녀와 부모가 함께 참여하는 두 가지 수업이 연속 진행되고, 금요일은 중학생이 만화가와 만나는 시간이다. 그런데 여기서 가볍게 넘길 수 없는 문제가 생겼다. 마을도서관 공간이 협소해서 여러 수업을 동시에 진행할 수 없게 된 것이다. 수업 시간이 아이들 하교 시간과 겹치면서 마을도서관에서 놀고 싶은 아이들이 밖에서 눈치 보면서 들어오지 못했다. 공간 확장의 필요성을 처음으로 느낀 순간이다.

2019년도 전반기 공주시 읍면동 평생학습 프로그램(장소: 마을도서관@경천)

대상	과정명	시간	기간	인원	비용(원)
초 4-6학년	수학보드게임	수. 13:30-15:30	3.27-7.10(15회)	16	무료
성인	그림책놀이지도사 자격과정(2급)	수. 18:30-20:30	3.27-5.29(10회)	10	20,000 (자격증비 별도)
지역주민	보태니컬 아트	목. 16:00-18:00	3.28-7.4(15회)	15	15,000
지역주민	기초드로잉	목. 18:00-20:00	3.28-7.4(15회)	15	10,000
중학생	만화 그리기	금. 16:00-18:00	3.29-5.31(15회)	15	무료

창의력 가득 수학보드게임

수학보드게임에 경천초등학교 4~6학년 학생 16명이 참여했다. 경천초등학교는 수요일을 '방과후학교 없는 날'로 정해 아이들을 일찍 집에 보낼 계획이었다. 평생학습 프로그램에 대한 홍보와 안내를 접한 교장 선생님께서 교사들과 협의해 평생학습에 참여하기로 했다. 마을도서관이 학교 바로 옆에 있어서 길을 건너지 않아도 된다. 점심 먹고 1시 조금 넘으면 인솔교사와 배움터지킴이가 아이들을 인솔해서 걸어오던 모습이 지금도 눈에 선하다. 2시간 동안 보드게임을 하면서 수학 원리를 배우는 창의력 수업이었다. 우리 집 작은애가 6학년에 다니면서 이 수업을 들은 적이 있어 아이의 반응을 살펴보니 너무 재밌고 기다려진다고 했다. 내가 수업을 한 것도 아닌데 괜히 뿌듯하고 기분이 좋았다.

치열했던 그림책놀이 수업

그림책놀이지도사 자격 과정(2급)은 치열한 경쟁이 있었다. 모집인원 10

(왼쪽) 초등생이 참여하는 수학보드게임 (오른쪽) 치열한 신청 경쟁을 거쳐 시작한 그림책놀이지도사 자격과정(2급)

명을 훌쩍 넘은 신청이 몰렸지만, 공정하게 신청순으로 마감했다. 시청 담당자에게 상황을 전하자 시골에서는 수강생이 미달되기 일쑤라며 놀라는 반응이었다. 더욱이 경천에서는 처음으로 시도하는 일이지 않은가! 천 관장님은 시청 담당자와 협의해 하반기에도 동일 강좌를 개설하고 대기자 분들을 우선 수강생으로 하겠다고 했다.

나는 퇴근 후 가끔 마을도서관에 들러 평생학습 프로그램이 어떻게 진행되는지, 어떤 분들이 수강하는지 살펴보았다. 특히 이 수업은 도중에 문을 열고 들어가기가 민망할 정도로 수강생들의 집중력이 대단했다. 먹이를 주는 어미새를 쳐다보듯 한 치의 흐트러짐 없이 몰입하는 장면은 그야말로 놀라웠다. 자격 과정(2급)이다 보니 지도안 작성, 정해진 시수만큼의 실습, 수업장면 촬영과 심사 등 까다로운 절차를 통과해야 했다. 그럼에도 열 명 중 한두 명을 제외한 분들이 2급 자격증을 취득했다. 취득하지 못한 분들도 직장 사정으로 아쉽게 포기했지만 하반기에 다시 도전하겠다는 의지를 보였다. 천 관장님은 자격증을 받고 나니 욕심이 난다며, 1급 자격과정을 개설해 상위자격 신청자를 모집하겠다고 했다.

자녀와 부모가 함께 배우는 보태니컬 아트와 기초 드로잉

보태니컬 아트(botanical art)[6]와 기초 드로잉(drawing)은 같은 강사가 연속으로 수업을 진행했다. 4시간 동안 계속하는 수업이지만 부모와 자녀가 함께 배우는 즐거운 시간이었다. 자신이 재배하는 식물을 가져와 그려보기도 하고, 기초 스케치부터 색을 입히는 과정까지 체계적으로 배웠다. 수업하면서 엄마와 딸이 속닥거리며 크게 웃으면서 말했다.

"여태껏 나눈 대화보다 수업하는 15주 동안 나눈 대화가 더 많은 것 같아요."

수업 마지막 날이 다가오자 제법 실력이 늘어 작품다운 작품이 나오기 시작했다. 어떤 수강생은 개인 스케치북을 들여다보며, 어색했던 첫 스케치와 마지막 작품을 비교하면서 뿌듯해 하기도 했다. 종강하는 날 각자

1 부모와 자녀가 함께하는 보태니컬 아트
2 보태니컬 아트 작품 전시
3 기초드로잉 작품 전시

6) 식물학을 의미하는 단어 'botanical'과 예술을 뜻하는 'art'의 합성어.(출처: 네이버 어학사전)

작품을 전시하고 수강생들끼리는 서로 칭찬을 아끼지 않았다. 마을도서관 한쪽 벽에 전시하고 한동안 이용자가 감상할 수 있게 했다. 작별의 순간을 직감한 듯, 불 끄고 나오는 마지막 수업에서 차마 발길을 떼지 못하고 문 앞에서 둥그렇게 모여 아쉬움을 나누던 소리가 지금도 들리는 듯하다.

내 안의 숨은 재능 발견! 만화 그리기

만화 그리기는 중학생 15명과 2시간씩 15회를 진행한 수업이다. 강사는 인터넷에 웹툰을 연재하는 현직 만화가였다. 그림 그리기를 좋아해서 신청한 학생도 있고, 그림에 소질이 없어서 자신감을 얻고자 온 학생도 있었다. 재능도 배울 수 있다고 격려하시던 강사님의 첫 수업이 기억난다. 캐릭터를 그려보기도 하고, 스토리가 있는 단편 만화에도 도전해 보았다. 특히 교육부와 보건복지부가 후원하고 한국건강관리협회에서 주최하는 제9회 비만 예방 디자인 공모전(2019)에 참가한 경천중학교 2학년 박환규 학생이 대상을 받은 것이 기억에 남는다.

'죽음의 배달'이라는 주제로 그린 그의 포스터 디자인은 '배달음식의 위험성을 경고한다'는 메시지를 담고 있다. 절제된 색채와 훌륭한 디자인, 그리고 창의적인 아이디어에 거듭 감탄했다. 그림 그리는 걸 좋아하지만 이런 재능이 있는지는 몰랐다는 이 학생은 시상식에서 소감을 말하며 눈시울을 붉혔다. 평소 조용하고 차분한 성격의 모범생이었다. 작은음악회에서 한복을 곱게 차려입고 가수 안예은의 〈상사화〉를 모창할 때는 소름이 돋았었다. 수줍고 소심한 아이라고 생각했는데 대중 앞에서 과감한 복장을 하고 모창을 하는 자신감이 남달랐기 때문이다. 그날 이 아이가 특별하고 빛나는 재능이 있다고 확신했는데 그걸 입증이라도 하듯 대상을 받았다.

제9회 비만 예방 디자인 공모전 대상작(경천중학교 박환규)

상의 종류가 중요한 건 아니지만 자긍심을 높이는 계기가 된 것은 분명해 보였다. 이후 이 아이는 10대들이 말하는 소위 '인싸(insider)[7]'가 되어 즐거운 중학교 생활을 보냈기 때문이다.

눈동자의 빛

경천은 해가 지면 몇 안 되는 식당마저 문을 닫는 어두컴컴한 마을이었다. 밤이 되면 유동 인구와 차량도 거의 없었다. 어두워지면 불빛을 거의

---

7) '인사이더'라는 뜻으로, 각종 행사나 모임에 적극적으로 참여하면서 사람들과 잘 어울려 지내는 사람을 이르는 말. '인사이더'를 세게 발음하면서 다소 변형한 형태로 표기한 것이다.(출처: 네이버 어학사전)

볼 수 없다는 말이 더 맞을 것 같다. 그런 마을에 도서관이 생기고 평생학습 프로그램이 시작되면서 변화가 일어났다. 마을도서관을 밤늦게까지 밝히는 불빛은 학생과 주민의 문화 향유에 대한 눈동자의 빛으로 보였다.

2019 평생학습프로그램 (하반기)

하반기 프로그램 확정

7월이 되고 전반기 평생학습 프로그램이 모두 종료됐다. 시청 담당자로부터 강사와 프로그램 운영에 대한 평가, 하반기에 수강하고 싶은 수업에 대한 설문 요청이 있었다. 초등학교에서 수학보드게임 만족도가 높다며 아이들이 심화 과정을 배우고 싶어 한다는 뜻을 전해왔다. 만화 그리기는 전반기 실적이 우수하고 수강하는 학생들이 좋아해 다시 개설하기로 했다. 그림책놀이지도사 자격과정은 1, 2급 과정을 모두 개설해 전반기에 대기자로 이름을 올린 모든 분께 기회를 드리고, 2급 자격을 취득하신 분 가운데 희망자를 대상으로 1급 과정에 배정했다.

그 외 어르신들을 위한 '코바늘 손뜨개', 부모와 자녀가 함께 배우는 '주물주물 도자기', 중학생을 대상으로 한 '영화로 배우는 영어' 수업을 신설했다. 5개 프로그램으로 시작한 전반기보다 2개 많은 7개 프로그램이 편성됐다. 프로그램 시간표를 보면 수업별 모집인원이 전반기에 비해 많이 늘었다. 그만큼 수요자가 많았다는 걸 보여준다. 수업별 20명을 모집하는 게 쉽지 않을 거라는 우려가 있었지만, 이번에도 수강인원을 모두 채웠다. 이 작은 마을에서 대단한 일이 벌어지고 있다.

2019년도 하반기 공주시 읍면동 평생학습 프로그램(장소; 마을도서관@경천)

대상	과정명	시간	기간	인원	비용(원)
성인	코바늘 손뜨개	월. 18:30-20:30	9.16-11.18(10회)	20	25,000
초 4-6학년	보드게임으로 떠나는 세계여행	수. 13:30-15:30	9.18-10.9(4회)	20	무료
초 4-6학년	수학보드게임	수. 13:30-15:30	10.16-12.18(10회)	20	무료
성인	그림책놀이지도사 자격과정(1, 2급)	수. 18:30-20:30	9.18-12.18(14회)	20	30,000
전 연령*	주물주물 도자기	목. 18:30-20:30	9.19-11.21(10회)	20	25,000
중학생	영화로 배우는 영어	목. 16:00-18:00	9.19-12.19(14회)	15	무료
중학생	만화, 일러스트	금. 16:00-18:00	9.20-12.20(14회)	15	무료

*부모와 자녀가 함께 참여하는 수업

내 손으로 만드는 생활 밀착형 아이템

'코바늘 손뜨개'는 어르신들을 대상으로 개설한 수업이지만, 의외로 학생들이 많은 관심을 보였다. 코바늘 손뜨개는 기본 뜨기만 익히면 쉽게 응용할 수 있었다. 기본 기술을 익히고 나면 도안을 보면서 멋진 작품을 만들어 보기도 했다. 처음에는 간단한 꽃 모양, 리본, 차 받침대를 만들어 봤다. 점차 실력이 좋아지면서 팔 토시, 머플러, 인형, 방석, 벽걸이 장식품, 작은 가방까지 시도하는 분도 있었다. 주민들은 일상생활과 밀착된 실용적인 수업이라는 점이 더 좋다고 했다. 손뜨개 작품도 일정 기간 마을도서관에 전시해 이용자들이 살펴볼 수 있게 했다.

재능기부로 성장한 그림책놀이

　　그림책놀이지도사 자격과정(1, 2급)은 수요일 저녁 2시간씩 14회를 운영했다. 전반기 2급 과정을 수강하지 못하여 이날만 기다렸다는 분도 있었다. 2급 과정은 1급에 비해 비교적 수월해 보였다. 1급은 지도안 작성과 실습시간에 대한 양적, 질적 측면 모두 기대치가 높았다. 그래서 천 관장님을 포함하여 1급을 준비하는 분들의 각오는 남달랐지만, 마지막까지 가지 못하고 중간에 포기하는 수강생이 생겨나기도 했다. 1급 자격을 받은 분들이 지역 어린이집, 초등학교, 중학교, 요양원에서 마을교사로 활동하기를 바라며, 나는 경천초등학교와 계룡초등학교 교장 선생님을 만나 돌봄·방과후 강사로 이분들을 적극 추천했다. 어떤 과정을 거쳐 자격을 갖추게 됐는지, 무엇을 할 수 있는지, 마을교사로 활동할 경우 마을에 어떤 이점이 있는지 적극 설명하며 설득했다. 교장 선생님들의 반응도 긍정적이었다. 이미 편성된 방과후 수업은 변경하기 어렵다며 이듬해 반영할 것을 약속하셨다.

(왼쪽) 코바늘 손뜨개 수업에 참여한 주민들 (오른쪽) 그림책놀이지도사 자격과정(1급)

부족함은 열정으로 채운다

'주물주물 도자기'는 개설을 준비하면서 많은 고민이 있던 수업이다. 앞에서 말했지만, 마을도서관에는 두 가지가 없다는 걸 기억해야 한다. 개수대와 화장실이다. 도자기 만드는 수업에는 손이라도 닦을 물이 필요하다. 개수대가 없는데 수업이 어렵지 않겠냐는 걱정스런 질문에 "물은 필요한 만큼 떠오면 되고, 손은 물티슈로 닦으면 됩니다."라는 대답이 돌아왔다. 현장에서 '물 없는 서러움'을 몸소 겪은 자의 여유와 당당함이 물씬 풍겼다.

이 수업은 목요일 저녁 2시간씩 10회 진행했으며, 주로 부모와 자녀가 함께 참여했다. 코바늘 손뜨개 수업과 마찬가지로 수강자의 절반은 내가 모르는 사람이었다. 시내와 다른 지역에서 오신 분이 많아 반가웠다.

나도 영화 속 주인공

'영화로 배우는 영어'에 중학교 1~2학년생과 초등학교 6학년생 중 희망자가 참여했다. 지자체 평생학습 강사의 질이 우수하다는 걸 새삼 알게 된 수업이다. 유학파 젊은 강사가 유명한 애니메이션과 영화를 선별해 흥미 있는 수업을 이끌어 주었다. 뮤지컬 애니메이션 〈겨울왕국〉, 〈코코〉, 〈모아나〉의 전체적인 줄거리를 키워드 식 영어 학습으로 진행하고, 영화 속 명대사를 노래로 부르면서 배웠다. 한 학생이 작년에 마을도서관에서 보여준 〈위대한 쇼맨〉에 나오는 노래를 가르쳐 달라고 했다. "This is me", "Never enough", "From now on"…, 〈위대한 쇼맨〉을 대표하는 넘버[8]들이다. 영어교사 출신으로서 평가하자면, 아이들이 영어를 배우면서 이런 명곡을 접한다는 건 큰 축복이다.

(왼쪽) 부모와 자녀가 함께하는 '주물주물 도자기' 수업 (오른쪽) '영화로 배우는 영어' 수업에 참여한 아이들

8) 뮤지컬에서 사용되는 노래나 음악을 일컫는 용어(출처: 네이버 어학사전)

5부

마을,
코로나 시대
학교와 만나다

'명예' 관장에서
'전업' 관장으로

위대한 결심

　2018년 학부모회장이자 마을도서관 명예 관장으로 나와 함께 본격적인 마을교육을 시작한 천 관장님은 학교와 마을의 소중한 자산이다. 2019년에는 명예 관장 역할에 더욱 힘 쏟으며 학교와 마을을 잇는 데 큰 역할을 해주셨다. 천 관장님은 아이들을 사랑하고 주민을 포용하는 온화한 성품을 지닌 분이다. 그분은 무엇보다 강한 책임감과 주도면밀한 추진력을 두루 겸비하여 마을도서관을 운영할 적임자라고 나는 늘 생각해왔다.

　2020년부터 마을도서관을 전적으로 맡아서 운영해 주실 수 있는지, 천 관장님께 두세 차례 넌지시 여쭤봤다. 다년간 어린이 교육기관에서 일하고 계셨기 때문에 결국 일을 그만두고 전업 관장이 되어 달라는 의미였다. 멀쩡하게 다니는 직장을 그만두라니, 가당한 일인가! 아무리 마을교육이 의미 있고 가치 있는 일이라 해도 무턱대고 직장을 그만둘 수 없는 노릇이라는 걸 나도 잘 안다. 희망적이었던 건, 내가 제안할 때마다 천 관장님이 생각해 보겠다며 여지를 남기셨다는 사실이다. 나는 그런 반응이 무엇을 의미하는지 곰곰이 생각하게 되었다. 보람찬 마을교육에 적극 동참하길 바라는 의지와 경제활동을 해야 하는 의무 사이에서 갈등을 겪고 계신 게 아닌가 하는 생각이 조심스레 들었다.

사실 아무런 대안 없이 무책임하게 전업 운영을 말씀드린 건 아니었다. 그분의 소득을 보전(補塡)할 방안을 고심한 끝에 몇 가지 대안을 준비하고 있었다. 우선 천 관장님을 마을도서관 정기 봉사자로 위촉하면 일정액의 수당을 책정할 수 있다는 규정을 찾았다. 충남교육청에서 기초학력보장 정책으로 추진하는 '기초학습도우미' 제도를 활용할 수도 있었다. 마을도서관 관장님을 기초학습도우미로 학교에 모셔서 아이들과 책을 읽고, 기초학습과 자기주도학습을 도와주는 역할을 부탁드리기로 했다. 또 한 가지는, 천 관장님이 그림책 놀이지도사 자격이 있으니 초등학교 방과후 수업 강사로 참여할 수 있다는 점을 떠올려 경천초와 계룡초 교장 선생님께 소개해 드렸다.

위 제안의 말씀을 들은 관장님께서는 생각할 시간을 달라고 하셨다. 그 후 일주일쯤 지났을까, 부족하지만 용기를 내어 해보겠다고 하시며, 많이 도와달라는 부탁 말씀도 하셨다. 나는 마을에서 도서관을 운영할 수 있는 환경이 조성될 때까지 학교에서 '모태(母胎)'의 역할을 하겠다고 약속했다.

천 관장님

'학부모회장', '마을도서관 운영위원장', '명예 관장'. 지난 2년 동안 천 관장님을 부르던 호칭이다. 이제는 당당히 '마을도서관 관장'이라는 정식 직책과 호칭이 정해졌다. '전업 관장'을 시작한 첫날, 천 관장님은 도서관의 안정적인 운영을 위해 평일에는 본인이 전담해 운영하겠다고 했다. 대신 주말에는 운영위원들의 희망을 받아 담당제로 운영하고, 주말이 어려운 분은 주중이라도 함께 역할을 나누자고 제안했다.

2018년 12명으로 시작한 운영위원이 2021년 현재는 20명이 훌쩍 넘었다. 자발적으로 참여한 이분들의 역할을 줄이면 소속감과 책임감이 약해질 수 있다며, 가능하면 담당제를 강화하고 필요한 역할을 부여하겠다는 의지를 보이셨다.

'마을도서관@경천 작은도서관'
설립

위대한 도약

전업 관장님이 세워진 마을도서관의 도약은 한 발 더 내딛는 도전과 용기에서 비롯될 것이다. 나는 천 관장님께 공주시 사립 작은도서관 설립 신청을 제안했다. 2019년까지는 학교와 운영위원의 협력으로 운영해왔지만, 대표자가 세워졌으니 사립 작은도서관으로 등록해 주체적인 운영을 하자는 의도였다.

관장님은 공주시 담당 부서의 안내에 따라 관련 서류를 제출해 2020년 1월 30일 '마을도서관@경천 작은도서관'으로 설립을 마쳤다. 공주시 작은도서관 중 18번째로 이름을 올렸으며, 사립 작은도서관 중에서는 11번째였다. '마을도서관@경천 작은도서관'

마을도서관@경천 작은도서관
등록증

은 초·중학생의 돌봄과 문화쉼터이자 전 세대를 아우르는 평생학습 프로그램을 활발하게 운영하는 유일한 공간이라고 자부한다.

정기 후원자를 모십니다

'마을도서관@경천 작은도서관' 설립으로 계룡면에 두 곳의 작은도서관이 생겼다. 계룡면 주민자치센터에 설치된 공립 책향기 작은도서관은 면 소재지 중심에 있어 주민의 이용이 편리하다. 반면 '마을도서관@경천 작은도서관'은 계룡면에서도 끝자락인 논산시와의 경계지역에 있어 유동 인구가 많지 않은 편이다. 하지만 다음 두 가지 장점을 잘 활용하면 금세 소문난 도서관이 되리라 생각한다. 먼저 마을도서관은 경천초등학교와 경천중학교 사이에 있어 방과 후 초·중학생들의 이용이 활발하다. 또한, 공주시와 연계한 평생학습 프로그램을 전반기와 하반기로 나누어 활발하게 운영하고 있다는 점은 배움에 갈증이 있는 주민들에게 매력적인 유인책이다.

사실 우리는 무명(無名)으로 고군분투하며 2년이나 마을도서관을 운영해온 것과 다름이 없었다. 이제 작은도서관으로 정식 등록했고, 대표자가 있으니 본격적인 홍보 방안을 마련해야 했다. 무명 시절에도 돌봄과 평생교육을 충실히 운영한 실적이 있으니, 이것을 잘 정리하면 리플릿과 블로그에 담을 수 있는 좋은 자료가 될 거라고 생각했다.

리플릿은 마을도서관 홍보뿐 아니라 정기후원자 모집에 활용하기로 했다. 마을도서관은 영리단체가 아니기에 공모 사업으로 받은 지원금을 제외하면 자체 운영비는 거의 없다고 봐야 한다. 지금은 학교에서 시설 임차료와 공과금을 지출하고 있지만, 장기적인 안목으로 볼 때 정기후원자를 모집하는 것이 지속 가능성을 높여줄 거라는 판단이 섰다.

마을도서관@경천 작은도서관 소개 리플릿

　　현재는 운영위원을 중심으로 자발적 후원이 이루어지고 있으며, 마을 주민이나 평생학습 참가자의 후원은 미미한 실정이다. '소소마켓' 같은 마을 행사가 열릴 때면 기관장이나 일부 주민이 후원금을 전해주시기도 했지만, 정기적인 후원자는 거의 없다. 천 관장님은 후원 계좌와 마을도서관 정보를 담은 리플릿을 정성스럽게 만드셨다. 1000장을 컬러 인쇄하여 마을도서관 방문자나 행사에 참여하는 분들께 나누어 드리고 있다. 1구좌에 5천 원부터 선택할 수 있으며, 희망하는 만큼 후원할 수 있다. 티끌 모아 태산이다! 1구좌가 모여 100구좌가 되고 1000구좌가 되는 날이 오기를 기대한다.

비영리단체
'경천마을학교' 설립

'아슬아슬' 공모 사업

'늘품학교'는 공주행복교육지구 사업 중 하나로, 공주교육지원청은 2018년 11월에 마을도서관을 '늘품학교 1호'로 지정했다. 그리고 2019년까지 늘품학교 운영비를 지원해줬다. 그런데 2020년부터 늘품학교 사업이 공주시청으로 이관되면서, 선정과 예산 지원 등의 행정 업무에 큰 변화가 생겼다. 일단 학교에서는 더 이상 늘품학교 사업을 신청할 수 없게 되었다. 민간단체만 신청이 가능한 주민자치 사업으로 성격이 바뀐 것이다. 그동안 학교에서 지원받아 도서구입, 프로그램 운영비로 사용하던 예산이 중단되면 마을도서관 운영에 차질을 빚을 수밖에 없었다. 나는 서둘러 천 관장님께 해당 사실을 설명드렸고, 사립 작은도서관으로 등록을 마쳤으니 도서관에서 늘품학교 사업에 공모할 것을 제안했다.

얼마 후 예정대로 시청 공지사항에 늘품학교 운영 단체 모집 공고문이 올라와 구비서류를 살펴보는데 한 가지 이상한 점이 보였다. 신청 대상을 민간단체로 한정하여 작은도서관 등록증이 있으면 신청할 수 있으리라 생각했는데, 공고문에는 '비영리단체' 고유번호를 기입하게 돼 있었다. 즉시 담당자에게 문의해 보니 작은도서관 등록증으로는 신청이 안 되고 비영리 단체와 같은 고유번호증을 발급받은 단체만 신청할 수 있다는 답변이 돌아왔다. 제출 마감일까지 시간이 조금 남아 있기는 했지만, 비영리단체 등록이 그때까지 가능할지 장담할 수 없었다. 더군다나 이제 막 작은도서관 등록을 마쳤는데, 곧바로 비영리단체 등록을 제안한다는 게 오히려 역효과가 있을 것 같아 망설여졌다.

'일단 말씀은 드려보자. 당장은 현실적인 어려움 때문에 어렵다면 내년 공모를 준비하는 마음으로 신청하자고 말씀드려야겠다.'

경천마을학교

"서류 관계를 도와주세요. 쇠뿔도 단김에 빼랬다고, 아직 시간이 있으니 해볼게요."

공모를 포기하기에는 아깝다면서 해보겠다는 천 관장님의 의지에 나도 힘이 났다. 회칙, 회의록, 명단 등 갖춰야 할 서류가 많고 복잡했다. 우선 비영리단체 이름을 정하는 게 급선무였다. 이름이 전하는 무언(無言)의 메시지가 중요하다는 건 모두가 아는 사실이다. 이름만 보더라도 한눈에 '무엇을 위한' 단체인지 알 수 있어야 한다.

"공모 사업 주제가 '늘품학교'잖아요, 학교와 마을을 잇겠다는 마을도서관의 철학을 담아 '경천마을학교'라고 하면 어떨까요?"

나는 이만한 이름이 없다는 확신에 차 말했다. 나중에 마을 주도로 다른 교육 사업을 하더라도 '경천마을학교'라는 이름이 주는 신뢰감은 대단할 거라고 생각했다. 나와 천 관장님은 하나씩 상의하면서 서류를 준비했고, 마침내 세무서에 비영리단체 등록을 신청할 수 있었다. 다행히 공모 마감 며칠 전 고유번호증이 발급되었고, 늘품학교 사업에 공모할 수 있었다. 한 달 후 공주시 홈페이지에 7개 단체를 최종 선정한다는 결과가 발표됐다. 노력한 결과로 당당하게 선정되었고 6백만 원의 지원금을 받았다. 담당 공무원은 선정 이유에 대해 다음과 같이 설명했다.

경천마을학교 고유번호증
(비영리단체 설립)

"경천마을학교는 지역 초등학생과 '사계절 놀이학교'를 열어 각 계절이 주는 마을의 환경을 학습한다는 계획이 창의적이었습니다. 또한, 중학생을 대상으로 '미리 크리스마스'와 '작가와의 만남'을 계획하고, 마을과 함께하는 '소소마켓'을 개최해 온 마을과 소통한다는 내용을 사업 계획서에 담고 있어 심사위원들로부터 주목을 받았습니다."

공주시 공모 사업
'늘품학교' 운영

공무원(公務員)? 공무원(公無員)?

　공주시 평생교육과는 '2020년 늘품학교' 사업에 선정된 단체를 대상으로 예산 사용 연수를 개최했다. 나는 지자체의 예산 사용이 매우 까다로워 일반인이 이해하기에 어렵다는 걸 잘 알고 있었기에 관장님께 혼자 참석하지 말고 두세 분이 함께 가실 것을 권했다.

　학교도 지자체에서 교육경비 보조금을 지원받고 있다. 교육청 예산은 학교장 책임 아래 별도의 증빙자료를 제출하지 않고 정산서만 보고하면 된다. 예산 사용이 비교적 편리하고 절차가 복잡하지 않은 편이다. 반면 지자체의 교육경비 보조금은 사용이 까다롭고 절차가 복잡하다. 사업계획 변동이 있을 때마다 공문으로 승인 신청을 해야 하고, 모든 증빙자료를 스캔해 제출하는 일도 무척 번거롭다. 예산 사용에 제한을 두는 조건들이 많으며, 사업 결과 보고서를 충실히 작성해 제출해야 한다. 여러 차례 행정절차 간소화를 요청하고 있지만, 지자체는 행정안전부 소속이고 학교는 교육부 소속이기 때문에 어쩔 수 없다는 답변만 돌아온다.

예상대로 예산 사용 연수에 다녀온 관장님의 얼굴이 어두워 보였다.

"당최 무슨 말인지 알아듣기 어렵고, 하지 말라는 것도 많고요. 5분 만에 설명이 끝났어요."

나는 얼른 연수 교재를 받아서 훑어보고, 관장님의 이해를 돕고자 필요한 부분을 부연 설명했다. 그제야 마음이 놓였는지 낯빛이 밝아지셨다.

"담당자에게 전화하셔서 현지로 찾아오는 연수를 요청하세요. 오시면 여러 사람이 있어서 물어보지 못한 사소한 것도 다 물어보시고요."

관장님은 계획서를 수정해서 다시 제출하라는 안내를 받았다며 시무룩했고, 나는 담당 공무원을 만나 확인하는 게 좋겠다는 생각이 들어서 말씀드렸다. 또한 경천마을학교 대표 자격으로 유관기관과 협의할 일이 많을 테니 수정 계획서에 출장비를 약간 편성하는 게 좋겠다고 제안했다. 그런데 며칠 뒤 현장을 찾은 담당 공무원이 출장비 전액을 삭감하라며 한 말이 어처구니가 없었다.

"그냥 다니세요. 봉사 개념으로 하시는 일인데 출장비는 좀 그렇죠…."

자원봉사 개념이 강한 사업이고 시민의 세금으로 지원하는 것이니 가급적 공적 영역에 예산을 사용하라는 의도였을 것이다. 하지만 앞에서도 말했듯이 나는 대가 없는 봉사는 없다고 생각한다. 더 무거운 책임감으로 최선을 다해 봉사할 수 있도록 주어지는 작은 대가마저 전액 삭감하라는 것이 과연 적절한가? 내가 그 자리에 있었다면 반드시 물었을 것이다. "주무관님도 출장비 받고 여기 오셨잖아요?"

공무원에게는 일상 업무이지만 이들에게는 용기 내서 도전하는 낯선 일이다. 5분 만에 끝난 설명도 못마땅한데 현장을 찾아 한 말이 겨우 '출장비 전액 삭감'이라는 말을 듣고 머리끝까지 화가 치밀어 올랐다. 평생교육이 온전히 지역에 뿌리내리기를 바라는 마음이 있다면 이러지 않았을 텐데. 공무원의 경직된 행정 방식이 순수한 운영위원들에게 상처를 주지는 않았을지 걱정됐다. "공무원은 국민 전체의 봉사자로서 직무를 민주적이고 능률적으로 수행하기 위하여 창의와 성실로써 맡은 바 책임을 완수하여야 한다."(국가 공무원 복무규정 제2조의 2) 공무원은 국민을 위한 봉사자다. 주민을 교육하고, 주체성을 길러주고, 공동체성을 키워 건강한 마을을 만드는 일, 엄밀히 따지면 그들이 해야 할 일이다. 자신들이 할 일을 주민이 봉사로 하겠다는데 왜 그렇게 사무적으로 나오는지, 너무 답답했다. 규정과 지침에 맞지 않은 것을 해달라는 게 아니다. 최소한 '안 돼요', '하지 마세요'라는 말을 하기 전에 주민의 말을 충분히 듣고, 이해하려는 노력과 대안적 방안을 함께 고민하는 모습을 보이는 진정성이 아쉬운 대목이다.

경천마을학교 여름놀이

2020년 봄, 코로나 19로 휴관이 길어져 예쁜 꽃 보러 나들이 가려 했던 봄놀이는 해보지 못하고 여름을 맞았다. 경천마을학교는 상황이 조금 나아진 8월 둘째, 넷째 주 토요일에 풀꽃놀이와 인형극으로 구성된 여름놀이를 계획했다. 경천마을학교는 경천초등학교와 계룡초등학교에 공문을 보내 참가 학생 홍보와 모집을 부탁했다. 나는 이 엄중한 시기에 초등학생 20명이 모이면 성공이라고 생각했다. 두 초등학교에서 신청자를 받아 보니 40명이 조금 넘었다. 예상보다 많은 아이들이 신청한 건 분명 좋은 일이다. 문제는 코로나 상황에서 마을도서관에 모일 수 있는 인원이 제한된다는 점이었다. 운영위원회는 두 배로 일이 어려워졌다는 걸 알면서도 아이들의 안전과 편의를 고려해 20명씩 1, 2부로 진행하기로 결론을 내렸다.

1. 경천마을학교 여름놀이 현수막 2. 풀꽃놀이에 푹 빠진 아이들
3. 아이와 함께 풀꽃놀이를 즐기는 천 관장님 4. 전래동화 인형극을 관람하는 아이들 5. 인형극을 체험해 보는 아이

    풀꽃놀이는 마을 주위를 돌면서 풀을 관찰하고 풀을 가지고 노는 일종의 생태학습이다. 운영위원 중 생태환경에 관심이 많은 분이 마을교사를 자청하고 나섰다. 풀피리도 불어보고 풀로 장식을 하면서 노는 아이들의 천진난만한 모습과, 모처럼 손에서 스마트폰을 놓고 자연에 푹 빠져서 보낸 두 시간이 소중하게 느껴졌다.

    2주 후 인형극 놀이도 1, 2부로 나누어 진행했다. 평생학습 프로그램인 그림책놀이지도사 자격과정, 기초드로잉, 보태니컬 아트, 수채 캘리그라피, 코바늘 실뜨개 수업에서 배운 실력을 발휘해 인형극이 완성됐다. 그림책놀이 자격과정을 마친 분들이 인형극 더빙(dubbing)에 참여했고, 기초드로잉과 수채 캘리그라피 수업에 참여한 학생, 운영위원이 인형극 전개에 맞는 배경을 그렸다. 코바늘 손뜨개를 배운 주민들이 만든 인형은 전문가 못지않은 실력을 뽐냈다. 운영위원들은 간이 조명을 설치하고 인형극을 위한 전용 테이블과 검은색 천을 설치했다. 리허설을 보니 나도 모르게 감탄이 나왔다. 이런 것을 두고 '재능의 선순환'이라고 하는구나! 그동안 배운 것을 총동원해서 아이들에게 즐거운 시간을 선물해 주었다.

인형극이 시작되자 관람하는 아이들의 침 삼키는 소리가 들릴 정도로 고요한 가운데 아이들은 호기심 많은 반짝이는 눈으로 인형극에 빠져들었다. 전래동화를 소재로 한 인형극은 우리나라의 전통을 소개하며 아이들을 과거로 데려가기에 충분했다. 인형극이 끝나고 불이 켜지자 여기저기서 아이들의 박수갈채가 쏟아졌다. 운영위원은 아이들에게 목장갑을 하나씩 나누어 주고 장갑 낀 손에 작은 눈을 붙여 손가락을 움직이면서 인형극을 따라하게 했다.

코로나를 뚫고 늘품학교 사업으로 처음 시도한 여름놀이는 준비한 사람도 참여한 사람도 모두 행복한 시간이었다.

경천마을학교 가을놀이

2020년 가을, 코로나19 확산세가 여전히 심상치 않은 가운데 방역수칙을 준수하면서 기다리던 가을놀이를 시작했다. 우리 마을은 가을이 되면 '추(秋)갑사'로 불리는 명소와 은행나무 길을 찾는 사람들로 붐빈다. 그래서 운영위원회는 아이들과 함께 산과 들을 다니며 단풍놀이를 추진하기로 했다.

'경천마을학교 가을놀이'를 알리는 현수막에는 '10월 셋째 주 토요일 숲 체험', '넷째 주 토요일 마을지도 만들기'를 홍보하는 문구가 잘 보였다. 여름놀이에 예상보다 많은 아이들이 신청하면서 운영상 차질이 있었기 때문에 이번에는 초등학교 4~6학년으로 제한을 뒀다. 경천마을학교는 이번에도 두 초등학교에 공문을 보내 학생 홍보와 모집을 부탁했다. 신청자를 모아 보니 행사 진행에 적당한 스무 명 정도였다. 안전하고 행복한 시간이 되기를 바라는 마음으로 학교에서 45인승 버스를 대절해 줬다.

　계룡면에는 원예 관련 전공을 하고 서울에서 근무하다 귀농·귀촌한 열정적인 분이 있다. 운영위원회는 그분을 마을교사로 위촉해 아이들에게 생태와 자연환경의 소중함을 가르쳐 달라고 부탁했다. 마을교사는 아이들을 데리고 계룡저수지 둘레길을 걸으면서 생태계에 대한 설명을 했다. 저수지를 찾는 새, 주변에서 꽃을 피우는 식물, 풀숲에서 지내는 곤충에 대한 설명을 듣는 아이들의 표정이 진지했다. 근처 낮은 산으로 이동하여 마을교사의 숲 해설이 이어졌다. 나무의 종류와 이름의 유래, 마을의 지질학적인 특성, 야생 동식물, 자연보호 활동에 대한 살아있는 생태학습이 이루어졌다. 숲 체험은 아이들에게 내가 사는 마을에 대한 자긍심을 높여주는 기회가 되었다.

　한 주가 지나 10월 24일 토요일에는 '우리 마을 알기' 후속 활동으로 마을지도 만들기 수업이 있었다. 한 주 전에 숲 체험을 하면서 한 바퀴 돌았던 마을에 대한 기억과 경험을 떠올려 아이들은 서로 이야기 나누면서 마을의 모습을 그렸다. 계룡저수지의 위치와 모습, 갑사 가는 길, 학교, 도로, 산과 들판… 다 같이 마을지도 밑그림을 그린 후 4등분으로 나눴다. 마을교사, 운영위원, 함께 온 부모와 초등학생 모두를 4개 조로 편성해 한 조각씩 맡았다. 일종의 협동화 그리기 같은 활동으로, 서로 같은 기억과 경

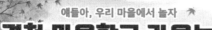

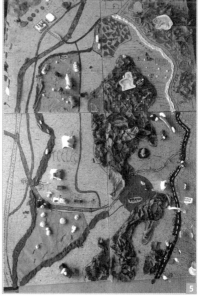

1. 경천마을학교 가을놀이 현수막 2. 생태학습에 나선 아이들
3. 계룡저수지 둘레길 산책 4. 조별 마을지도 만들기 5. 완성된 계룡면 마을지도

험을 끊임없이 공유하면서 하나씩 퍼즐을 맞춰갔다. 어느덧 입체감 있는 산이 솟아오르고 파란 저수지가 모습을 드러내기 시작했다. 논과 밭 사이로 지나는 도로가 면사무소와 학교로 이어졌다. 이렇게 조별로 완성한 작품을 연결하자 하나의 마을지도가 탄생했다. 두 시간이 넘는 동안 그 자리에 모인 아이와 어른 할 것 없이 오롯이 마을만 생각하는 시간이었다.

좁은 공간에서 하루 종일 마스크 쓰고 땀 흘리면서 완성한 마을지도가 자랑스러웠다. 천 관장님은 한동안 마을도서관 입구 잘 보이는 곳에 마을지도를 전시해 많은 사람들이 볼 수 있게 하셨다.

마을의 희망이자 미래인 아이들에게 마을의 소중함을 일깨워 준 천 관장님과 운영위원께 감사드린다.

경천마을학교 겨울놀이

2020년 겨울, 고등학교 진학과 학기말 고사를 마무리하고 12월 18일 금요일 방과 후에 '미리 크리스마스'를 열기로 협의를 마쳤다. 아이들의 요청에 따라, 재작년 열강으로 큰 호응을 받은 공주 출신 박종찬 작가를 다시 초대하기로 했다.

이전의 '미리 크리스마스'와 다른 점이 있다면, 코로나19 감염병 예방수칙에 따라 거리두기를 해야 하기에 음식을 먹을 수도, 음악을 크게 틀고 춤추며 노래할 수도 없던 것이었다. 아쉽지만 올해는 특강을 듣고 작가와 대화 나누는 시간으로 조용히 보내고자 했다.

나는 경천마을학교 운영위원과 일정 및 프로그램 협의를 끝내고 참가자 모집을 마쳤다. 아이들도 조금 특별한 연말과 크리스마스 추억을 만들 수 있다는 기대감에 시험공부도 열심히 하고 있었다. 그런데 위태위태하던 코로나19 국면을 넘지 못하고, 11월 20일 '코로나19 3차 유행'을 공식화하는 정부 발표가 나왔다. 코로나19 확산세 속에서도 지혜롭게 여름·가을놀이를 성공적으로 마쳤기에 겨울놀이가 무산된 것이 더 가슴 아프게 느껴졌다.

학교는 서둘러 12월의 모든 대내외 행사와 방과후 수업을 전면 취소하고 정규수업만 하기로 결정했다. 확진자 수가 연일 눈덩이처럼 불어나고 있어 어쩔 수 없이 겨울놀이도 취소하기로 했다. 학생이 희망하고 부모가 허락한다고 강행할 수 있는 상황이 아니었다. 경천마을학교의 지난날 모든 행사를 눈여겨 지켜보았기에 결정을 내리는 나도 안타깝기 그지없었다. 참가를 희망했던 아이들을 교장실로 불러 상황을 설명하고 이해를 부탁했다. 아쉬운 표정이 역력했지만 어쩔 수 없다는 걸 아는 눈치였다. 조금이라도 마음을 달래줄 수 있을까 싶어서 천 관장님과 상의해 박 작가의 신간 도서를 구입하여 나누어 주었다.

겨울놀이를 끝으로 유종의 미를 거두려 했던 경천마을학교 사업이 코로나19 때문에 어렵게 됐다. 이렇게 코로나19와 함께 보낸 2020년은 기억에서 영원히 잊히지 않을 것 같다.

코로나 시대
평생학습 프로그램

방해꾼 코로나

2019년에 운영한 평생학습 프로그램에 대한 마을주민의 높은 만족도와 요청에 따라 이듬해에도 상반기 평생학습 프로그램을 개설하기로 했다. 천 관장님은 공주시청 담당 공무원과 상의하면서 2020년 상반기 평생학습 프로그램을 확정했다. 하지만 코로나19 감염병이 확산되자 입학과 개학이 여러 차례 연기되면서 학교와 마을학교는 혼란스러웠다. 사상 초유의 비대면 개학과 원격수업을 대비해야 하는 학교는 다른 데 눈 돌릴 여력이 없었다. 방과후 수업은 강사 계약이 미뤄지고, 언제 시작할 수 있을지는 미지수였다. 안타깝지만 자발적 참여와 희망에 의존하는 평생학습 프로그램은 논의조차 할 수 없는 상황이었다.

천 관장님은 코로나19 확산세가 꺾일 때를 대비해 과정별로 신청자를 모집하겠다고 했다. 당장은 어려워도 상황이 좋아지면 잠깐씩이라도 운영해 보겠다는 의지였다. 연초 강사 계약을 마친 모양인지 공주시청도 비슷한 입장을 보였다. 나는 담당교사에게 코로나19 추이에 따라 시행할 수 있으니 희망하는 학생을 모집해 달라고 부탁했다.

2020 상반기 평생학습 프로그램(장소: 마을도서관@경천)

대상	과정명	시간	기간	정원	비용
전 연령	코바늘 손뜨개	월. 18:30-20:30	4.13-6.15(10주)	15	25,000
성인	우리가족 헤어커트*	화. 18:30-20:30	4.14-6.30(11주)	20	30,000
초 4-6학년	수학보드게임	수. 14:00-16:00	4.22-6.24(10주)	15	무료
전 연령	수채 캘리그래피	수. 18:30-20:30	4.22-7.8(12주)	15	15,000
가족	주물주물 도자기	목. 18:30-20:30	4.16-6.25(10주)	20	25,000
중학생	인성보드게임	금. 16:00-18:00	4.17-6.19(10주)	15	무료

*자격과정 및 헤어커트 과정의 경우 1회 봉사활동 실습 있습니다.
※프로그램은 사정에 따라 변경될 수 있습니다(자격증 취득비용 별도)

마을도서관에서는 '다' 할 수 있다

2019년에 반응이 좋았던 프로그램은 2020년에 심화과정으로 운영하기로 했다. 눈에 띄는 프로그램이 하나 있어 소개한다. 바로 '우리가족 헤어커트(hair cut)'다. '내 가족의 헤어커트는 내가 한다'는 목표가 있는 수업이지만, 실습 위주로 수업이 이루어질 텐데 협소한 공간과 불편한 형편을 어떻게 극복할지 걱정이 앞섰다.

이 수업을 성공적으로 마친 지금 생각해 보니, 마을도서관에서는 '다' 할 수 있다는 걸 증명한 수업이라고 평가하고 싶다. 앞서 『동네도서관이 세상을 바꾼다』에서도 말했듯이 마을도서관은 책 읽는 곳만이 아니다. 책을 매개로 사람과 사람이 만나 새로운 문화를 창출하는 공간이다.

늦은 시작과 아쉬운 종강

2020년 코로나19 1차 유행의 확산세가 주춤해지자 교육부는 5월 20일부터 순차적 등교수업을 발표했다. 평생학습 프로그램도 연기에 연기를 반복하다가 비슷한 시기에 개강할 수 있었다. 수강자는 마스크 착용, 거리두기와 개인 방역을 철저히 하면서 어느 때보다 긴장한 상태로 수업에 참여했다. 혹여나 확진자가 나올까 노심초사하면서 진행하던 중 이태원 발 2차 유행을 다시 맞게 되었다. 평생학습 프로그램을 중간에 전면 취소해야 하는 위기가 다가왔다. 다행히 충남은 수도권에 비해 지방의 확산세가 심각하지 않다는 판단에 거리두기 단계를 높이지 않았다. 살얼음판을 걷는 기분으로 한주 한주 수업을 이어가며 8월이 돼서야 종강할 수 있었다.

코로나19로 상반기 프로그램이 계획대로 진행되지 못했다. 기간이 길어졌고 무엇보다 개인의 생명과 안전을 위협하는 돌발 상황이 변수로 작용했다. 사회적 분위기와 정부 방침에 따라 하반기 평생학습 프로그램은 개설되지 않았다. 겨울철이 다가오면 3차 유행이 올 거라는 전문가들의 조언도 한몫했다. 탄력을 받아 한창 활발하게 진행되던 마을교육공동체, 마을

(왼쪽) 부모와 자녀가 함께하는 수채 캘리그래피 수업 (오른쪽) 우리가족 헤어커트 실습

도서관, 경천마을학교에 제동이 걸리고 말았다. 흔히 '위기는 곧 기회'라고 한다. 그런데 아무리 봐도 위기만 보이고 기회는 보이지 않았다.

코로나도 녹인 평생학습 열정

1년이 지났지만 2021년 전반기 평생학습 개강을 준비하면서 여전히 코로나 눈치를 살펴야 했다. 평생학습에 대한 배움의 열정은 코로나도 어쩔 수 없었다. 아직 참여하지 않은 주민은 있어도, 한 번만 참여한 주민은 없었다. 큰 만족과 기대 속에 기존 프로그램을 지속하기도 하지만, 요구가 있으면 새로운 수업을 개설하기도 한다. 그렇게 '실버인지지도사 2급 과정'과 '예비 중학생을 위한 초등영어 완전정복' 수업은 새롭게 개설되었다. 기존 프로그램은 이미 앞서 설명했으니, 2021년도에 새롭게 개설된 '실버인지지도자 2급 과정'을 간단히 소개하고자 한다.

2021 전반기 평생학습 프로그램(장소: 마을도서관@경천)

프로그램	대상	일정		회차	정원
코바늘 손뜨개	전체	월. 19:00-21:00	4.26-6.28	10	10
예비중등을 위한 초등영어 완전정복	초등 1-3	화. 19:00-20:00	5.4-7.20	12	7
수학보드게임 A	초등 5-6	수. 14:40-15:30	4.14-7.14	12	16
수학보드게임 B	초등 3-4	수. 15:40-16:30	4.14-7.14	12	10
도자기 체험교실	전체	목. 19:00-21:00	5.6-7.8	10	10
수채화 캘리그래피	전체	금. 19:00-21:00	4.23-6.25	10	10
실버인지지도사 2급	성인	토. 13:00-17:00	6.5-7.24	8	10

1. 부모와 자녀가 함께하는 도자기 체험교실 2. 어르신들이 좋아하시는 코바늘 손뜨개 수업
3. 실버인지지도자 자격과정(2급) 4. 예비 중학생을 위한 영어 수업에서 '열공' 중인 초등학교 아이들

　　새로 개설된 실버인지지도자 2급 과정은 그림책놀이지도사 자격과정
에 이어 두 번째로 개설된 자격과정이다. 총 8회로 진행되었다. 강의 계획
을 살펴보니 노인의 이해, 국가 치매 정책, 인지학습 프로그램, 각종 검사지
및 평가 방법, 치매의 원인과 예방, 인지보드게임, 실버체조와 댄스, 인지미
술 프로그램 등, 노인의 인지 건강을 위한 소양을 기르는 과정으로 보였다.
정원 열 명 중 대부분이 비교적 젊은 주민이었지만, 실버 자격으로 참여한
분도 보여 흥미로웠다. 수강생들은 자격과정을 마치면 동네 노인회관을 순
회하면서 어르신들에게 인지 건강 프로그램을 운영하겠다는 목표가 남달
랐다.

경천마을
소소한 잔치

경천마을학교가 주도하다

2019년에 처음 열린 '경천마을 소소마켓', 그날의 바람대로 2020년은 한층 성숙한 '경천마을 소소한 잔치'로 업그레이드되었다. 특히, 이름이 '소소마켓'에서 '소소한 잔치'로 바뀐 것을 주목해서 봐야 한다.

2020년 학기 초 공주시청 '늘품학교' 사업 공모를 준비하면서 나는 경천마을학교에서 소소마켓을 주도적으로 개최할 것을 제안했다. 운영위원은 마을과 소통하고 즐기는 '잔치'의 성격을 강화하겠다며 이름을 '소소한 잔치'로 바꾸었다.

2019년 '소소마켓'은 학교가 기획하고 주도하는 교육과정 운영의 일환이었고, 마을도서관 운영위원의 협력으로 성황리에 마칠 수 있었다. 2020년에는 한층 성숙한 형태로 경천마을학교에서 행사를 주관했고, 학교는 정규 교육과정과 연계했다.

학교 교육과정을 잇다

2020학년도부터 주말과 공휴일을 수업일수에 포함할 수 있다는 내용을 교육부에서 발표했다. 나는 학교경영의 자율성을 높이고 유연한 교육과정을 운영할 수 있다는 점에서 교육부의 발표를 환영했다. 마침 경천마을학교는 많은 주민이 참여할 수 있도록 '소소한 잔치'를 토요일에 개최하는 방안을 협의해 왔다. 나는 2월 '교육과정 만들기 주간'에 교직원들과 이 문제에 대해 상의하고 토요일 하루를 수업일수로 연계하기로 했다.

11월 7일 토요일, 학교 교육과정을 1~2교시는 소규모 체육대회, 3~4교시는 '소소한 잔치' 봉사활동으로 운영했다. '소소한 잔치'가 시작하기 전까지 학생자치회가 주관하는 소규모 체육대회를 운영했고, '소소한 잔치'

1. 아무말 대잔치에 그림을 그리는 아이들
2. 자유로운 표현이 담긴 아무말 대잔치
3. 학생회가 운영하는 솜사탕과 팝콘 부스

가 시작한 후에는 전교생을 각 부스에 봉사자로 배치해 운영을 돕도록 했다. 학생마다 부스 봉사시간이 정해져 있어서 봉사시간 외 나머지 시간은 자유롭게 체험하고 놀 수 있었다. 학생자치회는 커다란 봉투에 한가득 담은 팝콘과 예쁜 모양의 솜사탕을 만들어 오백 원에 판매하는 자체 부스를 운영했다. 참새가 방앗간을 그저 지나랴! 이곳은 놀러 나온 초등학생에게 '핫플'[9]이었다.

미술 동아리는 학교에서 사용하고 남은 벽지의 뒷면을 재활용해 '아무 말, 아무 그림 대잔치'에 아이들을 초대했다. 군데군데 물감, 팔레트, 그리고 막대기로 길게 이어붙인 붓을 두어 누구나 쉽게 아무 말이나 아무 그림을 그릴 수 있게 했다.

학교와 마을의 소소한 행복

'소소한 잔치'가 열린 날은 다행히 코로나 확산세가 잠시 소강상태를 보인 시기였지만 얼마나 많은 사람이 올지는 가늠하기 어려웠다. 활발했던 마을 행사가 줄줄이 취소되면서 주민들의 시름이 깊어갔기 때문이다. 우리는 '소소한 잔치'가 그들에게 일상의 소중함을 깨닫게 해주고 잠시나마 숨쉴 수 있는 시간이 되기를 소망하며 준비했다.

코로나 확산세로 한 차례 일정이 연기되면서 갑자기 정해진 행사 날짜 때문에 운영위원들이 바빠 보였다. 스무 명 남짓한 운영위원들이 총출동해 행사를 준비했지만, 여전히 일손이 부족했다. 천 관장님은 평생학습 프로그램에 참여한 주민과 두 초등학교 학부모회에 급히 SOS를 보내 자원봉

---

9) 핫 플레이스(hot place)의 줄임말. 사람들이 많이 모이는 장소를 뜻한다.(출처: 네이버 어학사전)

사자를 모았다. 그중 작년에도 소소마켓에 참어하고 싶었다면서 계룡면 다문화 가족 모임회에서 참여 의사를 밝혔다. 마을공동교육과정을 운영하는 경천초등학교 선생님들께서도 재능을 기부하고 싶다고 연락이 왔다.

천 관장님은 '늘품학교' 예산으로 홍보 현수막을 설치하고 체험 재료를 구입하기에도 빠듯하다며, 학교에서 추가로 예산을 지원해줄 수 있는지 물었다. 확인해 보니 학기 초 행복교육지구 예산으로 '소소한 잔치' 지원을 위한 예산을 세워 뒀기 때문에 여유가 있었다. 그래서 학교에서 홍보 전단지를 컬러로 제작해 지역 초·중학교 학생과 학부모님께 발송하고, 주요 기관에 전단지를 비치하여 주민들이 자유롭게 가져갈 수 있게 했다. 업체를 불러 부스 20개, 간이 책상 50개, 플라스틱 의자 150개를 학교 진입로에 설치하니 제대로 된 행사장이 꾸려졌다.

경천마을학교는 행사장 초입에 정기후원자를 모집하는 부스를 별도로 운영했고, 방문자들에게 리플릿을 나누어 주며 정기후원 신청자를 위한 작은 선물도 준비했다. 결과적으로 정기후원자를 많이 모집하지는 못했지만, 행사 당일 찬조금을 전해주신 분들이 제법 많았다.

"마을도서관과 경천마을학교의 존재를 알린 것만으로도 만족해요. 앞으로도 꾸준히 정기후원자 모집을 홍보해야겠어요."

천 관장님은 첫술에 배부를 수 없다며 코로나 국면에서 행사를 개최할 수 있었던 것만으로도 다행이라고 했다.

'소소한 잔치'는 체험 부스, 전시 부스, 먹거리 부스와 바자회를 운영했다. 체험 부스는 평생학습 프로그램에서 배운 재능을 기부하는 형식이었다. 수세미 뜨기, 마스크 만들기, 머리핀 만들기, 천연 염색, 톡톡 블록, 손 소독제 만들기 등 다양한 체험활동이 이루어졌다. 전시 부스에도 평생학습 프로그램의 산출물이 작품으로 올라왔다. 손뜨개 작품과 수채 캘리그

1 소소한 잔치를 알리는 현수막　2 경천초등학교 교직원 재능기부 부스
3 인기 절정의 베트남 음식 반세오　4 학교 진입로 양쪽으로 설치된 각종 부스
5 코로나19 방명록 작성을 기다리는 주민들　6 청소년이 좋아하는 아이템 판매 부스

라피에서 만든 책갈피가 대표적이있다. 어느 행사나 주(主)는 먹을거리였던 것으로 기억한다. 특별히 이름도 '소소한 잔치'로 바뀌었으니 방문자들이 먹을거리에 대한 기대가 높았을 것이다. 하지만 코로나 상황에서 음식 나누기가 조심스럽다며 아이들이 좋아하는 간단한 분식류와 베트남 엄마들이 만든 반세오(Banh xeo)[10]와 치킨 너겟, 그리고 각종 한방차 정도를 준비했다. 특히 총동창회장님이 작년 '소소마켓'에 이어 올해도 석갈비 100인분을 후원해 주서서 방문자들에게 판매해 수익금을 모을 수 있었다.

이 행사에 누가 다녀갔는지 궁금해서 운영진과 방명록을 살펴봤다. 우선 운영진만 어림잡아 40명은 넘어 보였고, 여기에 중학생과 초등학생들이 거의 다 다녀갔다. 그렇게 아이들이 오니 부모들도 따라나선 것 같았다. 지역 기관장님들, 평생학습 프로그램에 참여했던 분들, 경천교회 목사님과 장로님들, 경천 노인회관 어르신들, 그리고 공주대학교 일반대학원 평생교육전공 교수님들과 대학원생이 현장수업을 나오셨다. 코로나로 잃어버린 일상과 사람에 대한 그리움으로 찾아오신 분들이 대략 300명은 되는 것 같았다. 오랜만에 시끌벅적한 동네의 모습을 되찾은 시간이었다.

---

10) 쌀가루 반죽에 각종 채소, 해산물 등을 얹어 반달 모양으로 접어 부처낸 베트남 음식으로, 한국의 부침개와 유사하다.

'아이 키우기 좋은 충남', 충남형 마을방과후·돌봄학교

지원사격

충남교육청과 충남도청은 '아이 키우기 좋은 충남' 실현을 위해 상호 협력하기로 했다. 고교 무상교육, 고교 무상급식, 중학교 1학년 무상교복 등 2019년부터 적용되는 충남교육 3대 무상교육정책이 대표적인 예다. 이에 더해 돌봄 사각지대 해소를 위한 온종일 돌봄체계를 구축하고 마을학교와 마을교사를 활용해 양질의 방과후 프로그램을 마련하겠다는 계획도 발표했다. 나는 이 소식을 뉴스에서 접하면서 '남의 일'인 양 무심히 넘겼다. 그러던 어느 날, 2020년 여름방학을 앞두고 충남교육청 교육혁신과 장학사에게 전화가 왔다.

"초등학교에서 운영하는 돌봄과 방과후 수업을 준비된 마을학교에서 시범적으로 운영해 보도록 '충남형 마을방과후·돌봄 정책'을 추진하고자 합니다. 지금 초등학교 돌봄과 방과후 수업은 교직원 퇴근 시간에 맞춰 운영되고 있어서, 부모님들이 퇴근하고 집에 오기 전까지 아이들이 거의 방치되는 경우가 많아요. 마을학교에서 돌봄과 방과후 수업을 늦을 시간까지 운영하면 부모의 걱정도 덜고 학교의 업무도 덜어드릴 수 있을 텐데요."

농촌 아이들은 일손 바쁜 농번기가 되면 저녁도 먹지 못하고 부모를 기다리는 경우가 부지기수였다. '아이 키우기 좋은 충남'을 위해 이런 문제를 풀어보겠다는 취지가 너무 좋았다.

그런데 초등학교 방과후·돌봄 이야기를 왜 나에게 하는 걸까? 문득 이상하다는 생각이 들 때쯤 전화 너머로 장학사님의 말씀이 들려왔다.

"다음 주에 장학관님과 경천초등학교 교장 선생님을 찾아뵙고자 합니다. 경천초등학교의 돌봄과 방과후 수업을 마을학교로 내보낼 수 있는지 협의하고 설득하는 과정이 될 것 같아요. 그리고 경천마을학교가 도내에서는 가장 안정적으로 운영을 잘하고 있으니 천 관장님 의견도 들어보고 싶어요. 교장 선생님께서 두 분을 만나는 자리에 함께해주시면 좋겠습니다."

경천중학교와 경천초등학교는 마을교육과정 공동운영학교이며 우리가 중심학교다. 또 마을도서관의 모태가 경천중학교이고 아직 학교의 지원이 필요한 상황이었다. 그래서 모든 연결고리의 중심에 있는 내가 '지원사격' 해주면 설득이 수월할 거라는 의도로 이해했다. 분명 어려운 일이지만 '학교는 교육활동에 전념할 수 있는 환경이 되어야 한다'는 내 교육철학과 맞닿아 있었다. 방과후학교와 돌봄은 그동안은 학교가 거부할 경우 대체할 방안이 없어 오롯이 아이들을 생각해서 학교가 해오던 일이었다. 준비된 마을학교가 있으니 초등학교에서 결정을 내리면 '이상적인 모습'이 현실로 이루어질 수 있겠다고 기대하며, 선뜻 자리에 함께하기로 했다.

장학관님의 자세한 설명이 시작됐다.

"방과후 수업은 초등학교 교직원이 퇴근하는 시간까지만 운영하면 됩니다. 방과후 수업이 종료되는 시간부터 저녁 7시까지는 마을학교에서 돌봄으로 운영하게 될 것입니다. 마을학교는 방과후 강사 채용과 수당 지급 등의 업무를 전담하게 되고, 방과후 수업은 마을도서관과 초등학교 시설을 함께 사용하면 좋을 것 같습니다. 마을도서관 공간이 협소해 일부 수업만 도서관에서 운영하고, 특별실이나 강당을 사용해야 하는 방과후 수업은 초등학교에서 시설을 사용할 수 있게 허락해주시면 좋겠습니다. 돌봄 운영 시 마을학교는 저녁 식사를 제공할 의무가 없으며, 학교급식법을 고려해 간식만 제공할 수 있습니다."

경천초등학교 교장 선생님은 공감하시며, 교직원과 협의해서 최종적으로 결정하겠다고 하셨다.

지속가능한 마을을 위하여

경천초등학교 교장 선생님께서 '충남형 마을방과후·돌봄 정책'에 참여하겠다며 최종 의사를 전달하셨다고 했다. 그리고 며칠 후, 천 관장님은 그 정책에 대해 자세히 설명하는 도교육청 장학사의 전화를 받았다고 했다.

"올해부터 전업으로 맡게 된 마을도서관 운영도 벅찬데 마을방과후·돌봄까지 맡는 게 어렵지 않을까요?"

천 관장님과 대화를 나누다 보니 장학사님의 설명에 보완이 필요하다는 생각이 들었다. 그래서 나는 공무원이 아닌 사람이 이해하기 어려운 구조적인 면을 친절하게 구체적으로 설명했다.

"많은 예산과 복잡한 행정을 다뤄야 하는 각오와 관장님을 상시(常時) 도울 수 있는 운영위원 확보가 관건입니다. 마을도서관 운영이야 관장님께서 정해진 시간 동안 아이들을 관리하면 되니 혼자서도 하실 수 있는 일이지만, 마을방과후·돌봄은 저녁 7시까지 운영 시간도 길어지고, 방과후 강사채용과 수당 지급도 직접 하셔야 하니 관장님을 도울 수 있는 인력이 반드시 확보돼야 합니다."

천 관장님은 단독으로 결정할 수 있는 일이 아니라며, 곧 경천마을학교 월례회가 있으니 운영위원들과 상의해 보겠다고 하셨다.

1년 동안 사용하는 늘품학교 운영비의 열 배도 넘는 예산이 달린 문제였다. 시민의 세금을 한 푼이라도 허투루 사용할 수 없다며 늘품학교 예산을 사용할 때도 엄청 고민하는 분이다. 큰 예산을 받게 되면 책임감만큼이나 부담도 커지기 마련이다. 천 관장님은 월례회를 거쳤음에도 쉽사리 결정 내리지 못하고 있었다. 그래서 나를 찾아오신 관장님과 조금 더 깊숙이 이야기를 나눴다.

나는 관장님의 최종 결정을 존중하겠다는 전제로 참고가 될 만한 내용을 설명하기 시작했다. 나는 전체 예산 중에서 방과후수업 개설 강좌 수와 수당, 돌봄에 소요되는 운영비를 계산했다. 공과금과 상근자 봉사료를 일부 책정하니 총예산을 얼추 맞출 수 있었다. 예산의 짜임은 대략 정리됐고, 이제 남은 건 관장님을 도울 인력의 확보였다. 관장님께 여쭤보니 다행히도 마을도서관 사업에 내 일처럼 관심을 갖고 도와주는 운영위원이 몇 분 계신다고 했다. 관장님은 조금 더 생각해 보겠다며 운영위원들과도 더 협의하겠다고 했다.

관장님은 다섯 분 운영위원을 설득해 한번 해보기로 했다며, 나에게도 많은 도움을 달라고 부탁하셨다. 천 관장님과 운영위원님들은 지속 가능한 마을을 위해 대단한 결심을 하셨다. 여름에 시작한 논의가 겨울이 돼서야 마침표를 찍게 되었다. 마침내 경천마을학교는 충청남도 최초로 마을학교에서 운영하는 '충남형 마을방과후·돌봄'의 주체가 됐다.

아이들을 돌보고
가르치는 마을

마을이 가르치다

2021년 3월부터 경천초등학교에서 운영하던 방과후학교 업무를 경천마을학교에서 온전히 가지고 나왔다. 프로그램 선정과 강사 채용, 운영과 평가까지 모두 경천마을학교에 맡아서 한다.

경천마을학교는 경천초등학교 학부모와 학생을 대상으로 방과후학교 개설 희망 프로그램을 조사했다. 수요 조사 결과 기존 프로그램에 신규 프로그램을 더해 총 12개 프로그램을 확정하고 강사를 채용했다. 교육청 순회강사 지원 프로그램 2개, 공주시 평생학습 프로그램 1개, 마을교사 활용 프로그램 3개, 일반 프로그램 6개로 구성이 다양했다. 마을도서관 공간이 협소하여 2개 프로그램(수학보드게임, 독서역사교실)만 도서관에서 운영하고, 나머지 10개 프로그램은 경천초등학교 강당, 다목적실, 과학실, 컴퓨터실, 도서실, 운동장을 사용하기로 했다. 아이들을 돌보고 가르치는 공간이 마을과 학교로 확장된 것은 지속가능한 마을교육공동체 발전의 원동력이 되리라 확신하다.

마을방과후학교 프로그램 시간표

요일	월				화				수				목				금			
학년	3	4	5	6	3	4	5	6	3	4	5	6	3	4	5	6	3	4	5	6
6교시 13:45~14:35			수업	수업			수업	수업			배구 (강당)				배구 (강당)				수업	수업
7교시 14:40~15:30 / 8교시 15:35~16:25	인라인 (운동장)	방송 댄스 (강당)	독서 역사교실 (마을 도서관)	계절 요리 (과학실)		뉴 스포츠 (강당)				수학 보드 (마을 도서관)			탁구 (강당)	코딩 (컴퓨터)	밴드 (강당) / 우쿨렐레 (도서실)				종합미술 (과학실)	

마을이 돌보다

마을도서관 내부 공간과 운영위원들의 참여 여건을 고려해 마을돌봄 대상자를 12명으로 제한했다. 경천초등학교 1, 2학년 돌봄이 오후 4시에 종료하면 운영위원 중 한 명이 경천초등학교로 가서 저녁 돌봄을 희망하는 아이들을 인솔해서 마을도서관으로 데려온다. 3~6학년은 마을방과후 프로그램이 종료하는 오후 4시 25분부터 자연스럽게 저녁 돌봄으로 이어진다. 저녁 돌봄은 월요일부터 금요일 저녁 7시까지 운영하며, 아이들에게 식사에 준하는 간식을 제공하니 아이들과 학부모의 만족도가 엄청 높았다. 특히, 화요일과 목요일에는 자유놀이식 돌봄이 아니라 그림책 놀이 활동, 만들기 활동 같은 체험 중심으로 운영하여 아이들이 무척 재미있어한다. 특히 어떤 아이는 돌봄 중간에 부모가 데리러 올까 봐 "아빠 저 늦게 데리러 오세요!"라며 미리 전화하기도 했다. 어떤 아이는 돌봄 프로그램을 다 마치면 집에 가겠다면서 애써 데리러 온 엄마를 두세 차례나 헛걸음하게 했다. 부모님들은 농번기로 한창 바쁠 시기에 아이들이 집에서 '방치'되

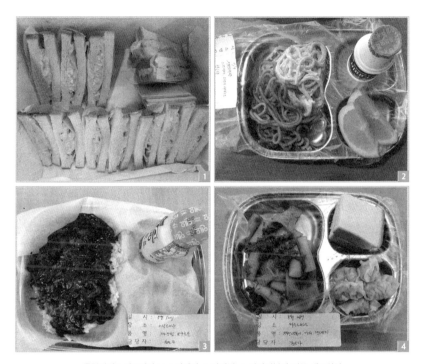

돌봄간식 1. 샌드위치 2. 스파게티 3. 짜장밥 4. 짜장떡볶이, 만두, 샌드위치

지 않고, 누군가의 어머니, 할머니가 안전한 마을도서관에서 돌봐준다는 것에 감사한다고 했다. 특히 7시까지 돌봐주는 것도 감사한데 평소 집에서 맛보기 어려운 간식을 제공하니 더욱 좋다고 했다.

한 가지 아쉬운 것은, 지역 내 계룡초등학교에서도 희망하는 아이들이 있지만 오지 못한다는 점이다. 계룡초등학교는 마을도서관에서 6km(자동차로 7분 이내 거리) 정도 떨어진 면 소재지에 있다. 농번기에 일손 바쁜 학부모가 태워줄 수 없어 참여하지 못한다며, 차량이 지원되면 보내고 싶다는 문의 전화가 수시로 온다고 한다.

마을돌봄 운영 시간표

운영유형	운영시간 (월~금)	장소	대상	수용 인원	비용 부담	비고(운영기간)
저녁 돌봄	16:00 ~19:00	마을도서관	1~6학년 중 필요 학생 (인근 필요학생 가능)	12	무료	학기 중
방학중 돌봄	08:30 ~12:30	마을도서관	1~6학년 중 필요 학생 (인근 필요학생 가능)	15	무료	여름방학 중 2주
	09:00 ~12:00	마을도서관	1~6학년 중 필요 학생 (인근 필요학생 가능)	15	무료	겨울방학 중 5주

마을방과후 활동 1. 계절요리교실 2. 인라인스케이트 3. 미술 수업 4. 우쿨렐레 수업

협소한 공간과 차량 문제, 그리고 무엇보다 천 관장님을 도와 지속 가
능한 마을 만들기에 자발적으로 나서주실 분들을 확보하는 문제를 숙제

로 남기며 2021학년도 1학기를 마무리했다.

마을돌봄 활동 1. 함께 노는 아이들 2. 책 읽는 아이들 3. 자유로운 놀이 4. 태블릿으로 공부하는 아이들

성숙하고 도약하는,
지속가능한 마을교육공동체를 꿈꾸며

두고 온 과제들

4년간의 학교장 임기를 마치고 2021년 9월 1일, 나는 청양교육지원청 장학사로 발령받았다. 평교사로 아이들을 가르친 기간을 포함해 경천중학교에서 17년이라는 시간을 보내며 수많은 사람을 만났다. 학교를 통해 만나게 된 분들이 이제는 경천마을교육공동체의 주체가 되어 있으며, 내가 그렸던 '하나 되는 마을교육공동체'의 꿈을 같이 이어가고 있으니, 그분들과 나는 여전히 '이웃'하고 있으며, '인연'으로 이어져 있다고 느낀다.

이웃했던 분들을 남겨 두고 떠나야 했던 서운함에 더해, 경천마을과 경천중학교에 남기고 온 과제들 역시 눈에 밟힌다. 예를 들어, 경천중학교의 경우에는 마을교육과정 심화 단계로 접어들어야 하고, 마을도서관은 환경 개선과 공간 확장이 필요할 뿐 아니라, 더 많은 분의 협력과 도움이 필요하다. 이 역시 경천마을교육공동체가 성장해가며 풀어가야 할 과제들이다.

주체성과 공동체성

지금의 경천마을교육공동체가 있게 된 중요한 요소로 학교와 마을의 주체성과 공동체성을 들 수 있겠다. 교육기관으로서의 학교와 생활공간으로서의 마을이 저마다의 주체성(identity)을 키우고 마을교육공동체를 통해서는 공동체성(community)을 기른다면 '두고 온 과제'를 해결할 수 있는 실마리를 찾을 수 있을 것이다. 예컨대, 코로나19 상황을 지켜보며 언제라도 마을교육과정 심화를 위해 수업 준비에 여념이 없는 학교, 경천마을학교 소식지 창간호 발행과 명실공히 마을 축제로 자리 잡은 '경천마을 소소잔치'를 준비하는 '계룡산 아래 사람들'의 모습에서, 그리고 마을도서관 시설 보완과 공간 확장을 위해 온 마을이 논의를 시작하고 있다는 사실에서 나날이 성숙하는 경천마을교육공동체의 주체성과 공동체성을 느낄 수 있다.

이제 이들이 지난 경험을 재해석하고 나아갈 방향을 재설정해 제2기 경천마을교육공동체로 도약하기를 기대한다.

저마다의 고유한 빛깔을 지닌 마을교육공동체를 꿈꾸다

지속 가능한 지역사회의 발전과 학교 교육 위기 극복을 위해 대한민국 전역에서 '마을과 함께'하는 교육 혁신으로 눈을 돌리고 있다. 충남교육청 역시 2010년 중반 이후 학교와 지역사회가 연대하고 협력하는 마을교육공동체 속에서 새로운 교육의 길을 모색하기 시작했다.

전국적으로 초고령화와 인구절벽 현상이 심화하는 가운데, 나는 도시 소멸을 대비해야 하는 공주시 외곽지역의 작은 학교에 학교장으로 부임했다. 이후 4년간 '학교의 존폐가 마을의 존폐로 이어진다'는 각오로 학교와 마을의 오랜 단절을 회복하는 데 앞장섰다.

'삶을 배우는 학교'를 지향하며 아이들에게 경쟁과 선발보다 공생과 성장에 초점을 둔 마을교육과정을 운영했고, 학교와 마을의 모든 구성원이 아이들의 교육을 함께 고민하기 시작했다. 그런 가운데 학교와 교사, 학생과 학부모 그리고 마을주민의 성장을 경험했고, 이는 교육이 학교만의 몫이 아니며 온 마을이 함께할 때 극대화할 수 있음을 깨닫게 되었다.

경천마을 사례에서 보았듯이, 마을교육공동체 속에서 아이들은 함께 배우며 성장하게 되는데, 마을교육공동체가 배움터로서 이러한 역할을 해주려면 학생을 비롯하여 교직원, 학부모, 마을 이웃 모두의 자발적 참여가 꼭 필요하다. 넓게 보면, 경천마을교육공동체는 학생과 학부모, 교사와 학교, 주민과 마을, 지자체와 교육청으로 구성되어 있다. 학교와 학부모의 변화 의지, 주민과 마을의 자발적인 참여, 지역사회의 관심과 지지, 교육청의 전문적인 지원, 지자체의 적극적인 행정력이 한데 어우러질 때 진정한 교육생태계와 지속 가능한 지역사회의 발전이 가능할 것이다.

대한민국 곳곳에서 저마다의 고유한 빛깔을 지닌 마을교육공동체가 생겨나기를 기대한다. 그리고 이 책의 독자들이 경천마을교육공동체 이야기에서 그러한 희망과 가능성의 씨앗을 발견하기를 기대한다.

참고문헌

강영택, 『마을을 품은 학교공동체』, 민들레, 2017.

경기도교육연구원, 『자유학기제 마을교육공동체와 만나다』, 2016.

경기도교육청, 『경기혁신교육 한 걸음 더 3.0』, 2020.

교육부, 『중학교 자유학기제 시행 계획』, 2015.

교육부, 『2015 개정 교육과정 창의적체험활동 해설(중학교)』, 2017.

교육부, 『2015 개정 교육과정 총론 해설(중학교)』, 2017.

김용련, 「경기 마을교육공동체 구축을 위한 지원 방안」, 『마을교육공동체 토론회자료집, 새로운 학교경기네트워크』, 2014.

김용련, 「분권과 협치로 새로운 교육생태계 만들기 전망과 과제」, 『국회교육희망포럼 자료집: 마을교육공동체의 미래』, 대한민국 국회, 2018.

김용련, 『마을교육공동체 생태적 의미와 실천』, 살림터, 2019.

김위정, 김성식, 이은정, 『자유학기제와 마을교육공동체 연계방안』, 경기도교육연구원. 수시연구, 2016-03.(2016).

마르쿠스 베른센, 오연호 옮김, 『삶을 위한 수업』, 오마이북, 2020.

박상옥, 「지역사회와 학습의 관계 탐색」, 『평생교육학연구 16.2』, 2010.

백윤애 외, 『마을로 걸어간 교사들, 마을교육과정을 그리다』, 살림터, 2020.

서용선 외, 『마을교육공동체란 무엇인가?』, 살림터, 2016.

알프레드 노스 화이트헤드, 오영환 옮김, 『교육의 목적』, 궁리, 2004.

앙리 르페브르, 양영란 옮김, 『공간의 생산』, 에코리브르, 2011.

앤디 하그리브스·데니스 셜리, 이찬승·김은영 옮김, 『학교교육 제4의 길』, 21세기교육연구소, 2015.

양병찬, 「농촌 학교와 지역의 협력을 통한 지역교육공동체 형성-충남 홍동지역 '풀무교육공동체' 사례를 중심으로」, 『평생교육학연구 14(3)』, 2008.

양희준, 박상옥, 「'마을' 연계 학교 정책의 문제의식과 가능성 논의」, 『교육연구논총 37.2』, 2016.

오혁진, 「지역공동체 평생교육의 개념과 성격에 관한 고찰」, 『평생교육학연구 12.1』, 2006.

이소이 요시미쓰, 홍성민 옮김, 『마을도서관이 세상을 바꾼다』, 펄북스, 2015.

이승훈, 「우리가 사는 마을」, 『학교도서관저널』, 2016.

이용운 외, 『서울의 마을교육』, 살림터, 2020.

추창훈, 『로컬에듀』, 에듀니티, 2017.

충남교육청, 『쉼( )이 있는 행복놀이 거점학교 선정 및 운영 계획서』, 2018.

충남도청, 『유휴교실 활용 프로그램 운영계획』, 2018.

후지요시 마사하루, 김범수 옮김, 『이토록 멋진 마을』, 황소자리, 2016.

삶의 행복을 꿈꾸는 교육은 어디에서 오는가?

미래 100년을 향한 새로운 교육

혁신교육을 실천하는 교사들의 필독서

● **교육혁명을 앞당기는 배움책 이야기** 혁신교육의 철학과 잉걸진 미래를 만나다!

한국교육연구네트워크 총서

01 핀란드 교육혁명
한국교육연구네트워크 엮음 | 320쪽 | 값 15,000원

02 일제고사를 넘어서
한국교육연구네트워크 엮음 | 284쪽 | 값 13,000원

03 새로운 사회를 여는 교육혁명
한국교육연구네트워크 엮음 | 380쪽 | 값 17,000원

04 교장제도 혁명
한국교육연구네트워크 엮음 | 268쪽 | 값 14,000원

05 새로운 사회를 여는 교육자치 혁명
한국교육연구네트워크 엮음 | 312쪽 | 값 15,000원

06 혁신학교에 대한 교육학적 성찰
한국교육연구네트워크 엮음 | 308쪽 | 값 15,000원

07 진보주의 교육의 세계적 동향
한국교육연구네트워크 엮음 | 324쪽 | 값 17,000원
2018 세종도서 학술부문

08 더 나은 세상을 위한 학교혁명
한국교육연구네트워크 엮음 | 404쪽 | 값 21,000원
2018 세종도서 교양부문

09 비판적 실천을 위한 교육학
이윤미 외 지음 | 448쪽 | 값 23,000원
2019 세종도서 학술부문

10 마을교육공동체운동:
세계적 동향과 전망
심성보 외 지음 | 376쪽 | 값 18,000원

11 학교 민주시민교육의 세계적 동향과 과제
심성보 외 지음 | 308쪽 | 값 16,000원

12 학교를 민주주의의 정원으로
가꿀 수 있을까?
성열관 외 지음 | 272쪽 | 값 16,000원

한국교육연구네트워크 번역 총서

01 프레이리와 교육
존 엘리아스 지음 | 한국교육연구네트워크 옮김
276쪽 | 값 14,000원

02 교육은 사회를 바꿀 수 있을까?
마이클 애플 지음 | 강희룡·김선우·박원순·이형빈 옮김
356쪽 | 값 16,000원

03 비판적 페다고지는
세상을 변화시킬 수 있는가?
Seewha Cho 지음 | 심성보·조시화 옮김 | 280쪽 | 값 14,000원

04 마이클 애플의 민주학교
마이클 애플·제임스 빈 엮음 | 강희룡 옮김 | 276쪽 | 값 14,000원

05 21세기 교육과 민주주의
넬 나딩스 지음 | 심성보 옮김 | 392쪽 | 값 18,000원

06 세계교육개혁:
민영화 우선인가 공적 투자 강화인가?
린다 달링-해먼드 외 지음 | 심성보 외 옮김 | 408쪽 | 값 21,000원

07 콩도르세, 공교육에 관한 다섯 논문
니콜라 드 콩도르세 지음 | 이주환 옮김 | 300쪽 | 값 16,000원
2019세종도서학술부문

08 학교를 변론하다
얀 마스켈라인·마틴 시몬스 지음 | 윤선인 옮김
252쪽 | 값 15,000원

09 존 듀이와 교육
짐 개리슨 외 지음 | 심성보 외 옮김 | 376쪽 | 값 19,000원

10 진보주의 교육운동사
윌리엄 헤이스 지음 | 심성보 외 옮김 | 324쪽 | 값 18,000원

11 사랑의 교육학
안토니아 다더 지음 | 심성보 외 옮김 | 412쪽 | 값 22,000원

• 4·16, 질문이 있는 교실 마주이야기 통합수업으로 혁신교육과정을 재구성하다!

통하는 공부
김태호·김형우·이경석·심우근·허진만 지음
324쪽 | 값 15,000원

내일 수업 어떻게 하지?
아이함께 지음 | 300쪽 | 값 15,000원
2015 세종도서 교양부문

인간 회복의 교육
성래운 지음 | 260쪽 | 값 13,000원

교과서 너머 교육과정 마주하기
이윤미 외 지음 | 368쪽 | 값 17,000원

수업 고수들
수업·교육과정·평가를 말하다
박현숙 외 지음 | 368쪽 | 값 17,000원

도덕 수업, 책으로 묻고 윤리로 답하다
울산도덕교사모임 지음 | 320쪽 | 값 15,000원

체육 교사, 수업을 말하다
전용진 지음 | 304쪽 | 값 15,000원

교실을 위한 프레이리
아이러 쇼어 엮음 | 사람대사람 옮김 | 412쪽 | 값 18,000원

마을교육공동체란 무엇인가?
서용선 외 지음 | 360쪽 | 값 17,000원

교사, 학교를 바꾸다
정진화 지음 | 372쪽 | 값 17,000원

함께 배움
학생 주도 배움 중심 수업 이렇게 한다
니시카와 준 지음 | 백경석 옮김 | 280쪽 | 값 15,000원

공교육은 왜?
홍섭근 지음 | 352쪽 | 값 16,000원

자기혁신과 공동의 성장을 위한
교사들의 필리버스터
윤양수·원종희·장군·조경삼 지음 | 280쪽 | 값 14,000원

함께 배움 이렇게 시작한다
니시카와 준 지음 | 백경석 옮김 | 196쪽 | 값 12,000원

함께 배움 교사의 말하기
니시카와 준 지음 | 백경석 옮김 | 188쪽 | 값 12,000원

교육과정 통합, 어떻게 할 것인가?
성열관 외 지음 | 192쪽 | 값 13,000원

학교 혁신의 길, 아이들에게 묻다
남궁상운 외 지음 | 272쪽 | 값 15,000원

미래교육의 열쇠, 창의적 문화교육
심광현·노명우·강정석 지음 | 368쪽 | 값 16,000원

주제통합수업, 아이들을 수업의 주인공으로!
이윤미 외 지음 | 392쪽 | 값 17,000원

수업과 교육의 지평을 확장하는 수업 비평
윤양수 지음 | 316쪽 | 값 15,000원
2014 문화체육관광부 우수교양도서

교사, 선생이 되다
김태은 외 지음 | 260쪽 | 값 13,000원

교사의 전문성, 어떻게 만들어지나
국제교원노조연맹 보고서 | 김석규 옮김 392쪽 | 값 17,000원

수업의 정치
윤양수·원종희·장군 지음 | 280쪽 | 값 14,000원

학교협동조합,
현장체험학습과 마을교육공동체를 잇다
주수원 외 지음 | 296쪽 | 값 15,000원

거꾸로 교실,
잠자는 아이들을 깨우는 수업의 비밀
이민경 지음 | 280쪽 | 값 14,000원

교사는 무엇으로 사는가
정은균 지음 | 292쪽 | 값 15,000원

마음의 힘을 기르는 감성수업
조선미 외 지음 | 300쪽 | 값 15,000원

작은 학교 아이들
지경준 엮음 | 376쪽 | 값 17,000원

아이들의 배움은 어떻게 깊어지는가
이시이 쥰지 지음 | 방지현·이창희 옮김 | 200쪽 | 값 11,000원

대한민국 입시혁명
참교육연구소 입시연구팀 지음 | 220쪽 | 값 12,000원

교사를 세우는 교육과정
박승열 지음 | 312쪽 | 값 15,000원

전국 17명 교육감들과 나눈 교육 대담
최창의 대담·기록 | 272쪽 | 값 15,000원

들뢰즈와 가타리를 통해 유아교육 읽기
리세롯 마리엣 올손 지음 | 이연선 외 옮김 | 328쪽 | 값 17,000원

학교 민주주의의 불한당들
정은균 지음 | 276쪽 | 값 14,000원

프레이리의 사상과 실천
사람대사람 지음 | 352쪽 | 값 18,000원
2018 세종도서 학술부문

 혁신학교, 한국 교육의 미래를 열다
송순재 외 지음 | 608쪽 | 값 30,000원

 페다고지를 위하여
프레네의 『페다고지 불변요소』 읽기
박찬영 지음 | 296쪽 | 값 15,000원

 노자와 탈현대 문명
홍승표 지음 | 284쪽 | 값 15,000원

 선생님, 민주시민교육이 뭐예요?
염경미 지음 | 244쪽 | 값 15,000원

 어쩌다 혁신학교
유우석 외 지음 | 380쪽 | 값 17,000원

 미래, 교육을 묻다
정광필 지음 | 232쪽 | 값 15,000원

 대학, 협동조합으로 교육하라
박주희 외 지음 | 252쪽 | 값 15,000원

 입시, 어떻게 바꿀 것인가?
노기원 지음 | 306쪽 | 값 15,000원

 촛불시대, 혁신교육을 말하다
이용관 지음 | 240쪽 | 값 15,000원

 라운드 스터디
이시이 데루마사 외 엮음 | 224쪽 | 값 15,000원

 미래교육을 디자인하는 학교교육과정
박승열 외 지음 | 348쪽 | 값 18,000원

 흥미진진한 아일랜드 전환학년 이야기
제리 제퍼스 지음 | 최상덕·김호원 옮김 | 508쪽 | 값 27,000원

 폭력 교실에 맞서는 용기
따돌림사회연구모임 학급운영팀 지음 | 272쪽 | 값 15,000원

 그래도 혁신학교
박은혜 외 지음 | 248쪽 | 값 15,000원

 학교는 어떤 공동체인가?
성열관 외 지음 | 228쪽 | 값 15,000원

 교사 전쟁
다나 골드스타인 지음 | 유성상 외 옮김 | 468쪽 | 값 23,000원

 시민, 학교에 가다
최형규 지음 | 260쪽 | 값 15,000원

 교육과정, 수업, 평가의 일체화
리사 카터 지음 | 박승열 외 옮김 | 196쪽 | 값 13,000원

 학교를 개선하는 교장
지속가능한 학교 혁신을 위한 실천 전략
마이클 풀란 지음 | 서동연·정효준 옮김 | 216쪽 | 값 13,000원

 공자던, 논어는 이것이다
유문상 지음 | 392쪽 | 값 18,000원

 교사와 부모를 위한 발달교육이란 무엇인가?
현광일 지음 | 380쪽 | 값 18,000원

 교사, 이오덕에게 길을 묻다
이무완 지음 | 328쪽 | 값 15,000원

 낙오자 없는 스웨덴 교육
레이프 스트란드베리 지음 | 변광수 옮김 | 208쪽 | 값 13,000원

 끝나지 않은 마지막 수업
장석웅 지음 | 328쪽 | 값 20,000원

 경기 꿈의 학교
진흥섭 외 지음 | 360쪽 | 값 17,000원

 학교를 말한다
이성우 지음 | 292쪽 | 값 15,000원

 행복도시 세종, 혁신교육으로 디자인하다
곽순일 외 지음 | 392쪽 | 값 18,000원

 나는 거꾸로 교실 거꾸로 교사
류광모·임정훈 지음 | 212쪽 | 값 13,000원

 교실 속으로 간 이해중심 교육과정
온정덕 외 지음 | 224쪽 | 값 13,000원

 교실, 평화를 말하다
따돌림사회연구모임 초등우정팀 지음 | 268쪽 | 값 15,000원

 학교자율운영 2.0
김용 지음 | 240쪽 | 값 15,000원

 학교자치를 부탁해
유우석 외 지음 | 252쪽 | 값 15,000원

 국제이해교육 페다고지
강순원 외 지음 | 256쪽 | 값 15,000원

 선생님, 페미니즘이 뭐예요?
염경미 지음 | 280쪽 | 값 15,000원

 평화의 교육과정 섬김의 리더십
이준원·이형빈 지음 | 292쪽 | 값 16,000원

학교를 살리는 회복적 생활교육
김민자·이순영·정선영 지음 | 256쪽 | 값 15,000원

 교사를 위한 교육학 강의
이형빈 지음 | 336쪽 | 값 17,000원

 새로운학교 학생을 날게 하다
새로운학교네트워크 총서 02 | 408쪽 | 값 20,000원

 세월호가 묻고 교육이 답하다
경기도교육연구원 지음 | 214쪽 | 값 13,000원

 미래교육, 어떻게 만들어갈 것인가?
송기상·김성천 지음 | 300쪽 | 값 16,000원
2019 세종도서 교양부문

 교육에 대한 오해
우문영 지음 | 224쪽 | 값 15,000원

 혁신교육지구 현장을 가다
이용운 외 지음 | 348쪽 | 값 18,000원

 배움의 독립선언, 평생학습
정민승 지음 | 240쪽 | 값 15,000원

 서울의 마을교육
이용운 외 10인 지음 | 352쪽 | 값 18,000원

 학습격차 해소를 위한 새로운 도전:
보편적 학습설계 수업
조윤정 외 3인 지음 | 225쪽 | 값 15,000원

 물질의 새로운 만남
베로니카 파치니-케처바우 지음 | 이연선 외 옮김
240쪽 | 값 15,000원

 수포자의 시대
김성수·이형빈 지음 | 252쪽 | 값 15,000원

 혁신학교와 실천적 교육과정
신은희 지음 | 236쪽 | 값 15,000원

 삶의 시간을 잇는 문화예술교육
고영직 지음 | 292쪽 | 값 16,000원

 혐오, 교실에 들어오다
이혜정 외 지음 | 232쪽 | 값 15,000원

 혁신교육지구와 마을교육공동체는
어떻게 만들어지는가?
김태정 지음 | 376쪽 | 값 18,000원

 선생님, 특성화고 자기소개서 어떻게 써요?
이지영 지음 | 322쪽 | 값 17,000원

 학생과 교사, 수업을 묻다
전용진 지음 | 344쪽 | 값 18,000원

 혁신학교의 꽃, 교육과정 다시 그리기
안재일 지음 | 344쪽 | 값 18,000원

 교육혁신의 시대 배움의 공간을 상상하다
함영기 외 13인 지음 | 264쪽 | 값 17,000원

 평화와 인성을 키우는 자기우정
따돌림사회연구모임 우정팀 지음 | 240쪽 | 값 15,000원

 미래교육을 열어가는 배움중심 원격수업
하늘빛중학교 원격수업연구회 지음 | 332쪽 | 값 17,000원

살림터 참교육 문예 시리즈 영혼이 있는 삶을 가르치는 온 선생님을 만나다!

 꽃보다 귀한 우리 아이는
조재도 지음 | 244쪽 | 값 12,000원

 성깔 있는 나무들
최은숙 지음 | 244쪽 | 값 12,000원

 아이들에게 세상을 배웠네
명혜정 지음 | 240쪽 | 값 12,000원

 밥상에서 세상으로
김흥숙 지음 | 280쪽 | 값 13,000원

 우물쭈물하다 끝난 교사 이야기
유기창 지음 | 380쪽 | 값 17,000원

 오천년을 사는 여자
염경미 지음 | 272쪽 | 값 16,000원

 선생님이 먼저 때렸는데요
강병철 지음 | 248쪽 | 값 12,000원

 서울 여자, 시골 선생님 되다
조경선 지음 | 252쪽 | 값 12,000원

 행복한 창의 교육
최창의 지음 | 328쪽 | 값 15,000원

 북유럽 교육 기행
정애경 외 14인 지음 | 288쪽 | 값 14,000원

 시험 시간에 웃은 건 처음이에요
조규선 지음 | 252쪽 | 값 15,000원

 다정한 교실에서 20,000시간
강정희 지음 | 296쪽 | 값 16,000원

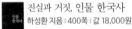

더불어 사는 정의로운 세상을 여는 인문사회과학 사람의 존엄과 평등의 가치를 배운다

밥상혁명
강양구·강이현 지음 | 298쪽 | 값 13,800원

도덕 교과서 무엇이 문제인가?
김대용 지음 | 272쪽 | 값 14,000원

자율주의와 진보교육
조엘 스프링 지음 | 심성보 옮김 | 320쪽 | 값 15,000원

민주화 이후의 공동체 교육
심성보 지음 | 392쪽 | 값 15,000원
2009 문화체육관광부 우수학술도서

갈등을 넘어 협력 사회로
이창언·오수길·유문종·신윤관 지음 | 280쪽 | 값 15,000원

동양사상과 마음교육
정재걸 외 지음 | 356쪽 | 값 16,000원
2015 세종도서 학술부문

교과서 밖에서 배우는 철학 공부
정은교 지음 | 280쪽 | 값 14,000원

교과서 밖에서 배우는 사회 공부
정은교 지음 | 304쪽 | 값 15,000원

교과서 밖에서 배우는 윤리 공부
정은교 지음 | 292쪽 | 값 15,000원

한글 혁명
김슬옹 지음 | 388쪽 | 값 18,000원

우리 안의 미래교육
정재걸 지음 | 484쪽 | 값 25,000원

왜 그는 한국으로 돌아왔는가?
황선준 지음 | 364쪽 | 값 17,000원
2019세종도서교양부문

공간, 문화, 정치의 생태학
현광일 지음 | 232쪽 | 값 15,000원

인공지능 시대의 사회학적 상상력
홍승표 지음 | 260쪽 | 값 15,000원

동양사상과 인간 그리고 사회
이현지 지음 | 418쪽 | 값 21,000원

장자와 탈현대
정재걸 외 4인 지음 | 424쪽 | 값 21,000원

놀자선생의 놀이인문학
진용근 지음 | 380쪽 | 값18,000원

포스트 코로나 시대, 예술과 정치
현광일지음 | 288쪽 | 값 16,000원

좌우지간 인권이다
안경환 지음 | 288쪽 | 값 13,000원

민주시민교육
심성보 지음 | 544쪽 | 값 25,000원

민주시민을 위한 도덕교육
심성보 지음 | 500쪽 | 값 25,000원
2015 세종도서 학술부문

교과서 밖에서 배우는 인문학 공부
정은교 지음 | 280쪽 | 값 13,000원

오래된 미래교육
정재걸 지음 | 392쪽 | 값 18,000원

대한민국 의료혁명
전국보건의료산업노동조합 엮음 | 548쪽 | 값 25,000원

교과서 밖에서 배우는 고전 공부
정은교 지음 | 288쪽 | 값 14,000원

전체 안의 전체 사고 속의 사고
김우창의 인문학을 읽다
현광일 지음 | 320쪽 | 값 15,000원

카스트로, 종교를 말하다
피델 카스트로·프레이 베토 대담 | 조세종 옮김
420쪽 | 값 21,000원

일제강점기 한국철학
이태우 지음 | 448쪽 | 값 25,000원

한국 교육 제4의 길을 찾다
이길상 지음 | 400쪽 | 값 21,000원
2019세종도서학술부문

마을교육공동체 생태적 의미와 실천
김용련 지음 | 256쪽 | 값 15,000원

교육과정에서 왜 지식이 중요한가
심성보 지음 | 440쪽 | 값 23,000원

식물에게서 교육을 배우다
이차영 지음 | 260쪽 | 값 15,000원

왜 전태일인가
송필경 지음 | 236쪽 | 값17,000원

한국 세계시민교육이 나아갈 길을 묻다
유네스코태평양 국제이해교육원 지음 | 360쪽 | 값 18,000원

대한민국 대학혁명
대학무상화·대학평준화 추진본부 연구위원회 지음 | 240쪽 |
값 15,000원

코로나 시대, 마을교육공동체 운동과 생태적 교육학
심성보지음 | 280쪽 | 값 17,000원

평화샘 프로젝트 매뉴얼 시리즈 학교폭력에 대한 근본적인 예방과 대책을 찾는다

학교폭력 어떻게 만들어지는가
문재현 외 지음 | 300쪽 | 값 14,000원

아이들을 살리는 동네
문재현·신동명·김수동 지음 | 204쪽 | 값 10,000원

학교폭력, 멈춰!
문재현 외 지음 | 348쪽 | 값 15,000원

평화! 행복한 학교의 시작
문재현 외 지음 | 252쪽 | 값 12,000원

왕따, 이렇게 해결할 수 있다
문재현 외 지음 | 236쪽 | 값 12,000원

마을에 배움의 길이 있다
문재현 지음 | 208쪽 | 값 10,000원

젊은 부모를 위한 백만 년의 육아 슬기
문재현 지음 | 248쪽 | 값 13,000원

별자리, 인류의 이야기 주머니
문재현·문한뫼 지음 | 444쪽 | 값 20,000원

우리는 마을에 산다
유양우·신동명·김수동·문재현 지음 | 312쪽 | 값 15,000원

동생아, 우리 뭐 하고 놀까?
문재현 외 지음 | 280쪽 | 값 15,000원

누가, 학교폭력 해결을 가로막는가?
문재현 외 지음 | 312쪽 | 값 15,000원

코로나 19가 앞당긴 미래,
마을에서 찾는 배움길
문재현 외 5인 지음 | 308쪽 | 값 16,000원

남북이 하나 되는 두물머리 평화교육 분단 극복을 위한 치열한 배움과 실천을 만나다

10년 후 통일
정동영·지승호 지음 | 328쪽 | 값 15,000원

선생님, 통일이 뭐예요?
정경호 지음 | 252쪽 | 값 13,000원

분단시대의 통일교육
성래운 지음 | 428쪽 | 값 18,000원

김창환 교수의 DMZ 지리 이야기
김창환 지음 | 264쪽 | 값 15,000원

한반도 평화교육 어떻게 할 것인가
이기범 외 지음 | 252쪽 | 값 15,000원

포괄적 평화교육
베티 리어든 지음 | 강순원 옮김 | 252쪽 | 값 17,000원

창의적인 협력 수업을 지향하는 삶이 있는 국어 교실 우리말 글을 배우며 세상을 배운다

중학교 국어 수업 어떻게 할 것인가?
김미경 지음 | 340쪽 | 값 15,000원

토론의 숲에서 나를 만나다
명혜정 엮음 | 312쪽 | 값 15,000원

토닥토닥 토론해요
명혜정·이명선·조선미 엮음 | 288쪽 | 값 15,000원

인문학의 숲을 거니는 토론 수업
순천국어교사모임 엮음 | 308쪽 | 값 15,000원

어린이와 시
오인태 지음 | 192쪽 | 값 12,000원

수업, 슬로리딩과 함께
박경숙 외 지음 | 268쪽 | 값 15,000원

언어던
정은균 지음 | 268쪽 | 값 15,000원
2019 세종도서 교양부문

민촌 이기영 평전
이성렬 지음 | 508쪽 | 값 20,000원

감각의 갱신, 화장하는 인민
남북문학예술연구회 | 380쪽 | 값 19,000원

참된 삶과 교육에 관한
생각 줍기